JN245609

刑事公判の理論と実務
【第二版】

東京簡易裁判所判事　三　好　一　幸　著

司　法　協　会

初 版 は し が き

　簡易裁判所で審理される刑事事件の公判手続は，地方裁判所で審理される刑事単独事件の公判手続と，基本的には異なるところがない。

　ただし，簡易裁判所では，裁判所法33条によって扱う刑事事件が制限されており，窃盗罪や住居侵入罪など一定の罪について3年以下の懲役を科すことができるが，それ以外の罪については，罰金刑を科すのが原則となる。

　本書が，刑事公判を担当する簡易裁判所の裁判官・書記官等，副検事，初めて国選弁護事件を受任された弁護士の方々に，多少なりとも参考になれば幸いである。

　平成25年7月

　　　　　　　　　　　　　　　　　　　　　　　　　三　好　一　幸

第 二 版 は し が き

　本書の初版発行から5年余りが経過した。その間の関係法令の改正として，「自動車の運転により人を死傷させる行為等の処罰に関する法律」（平成25年法律第86号）が平成26年5月20日から施行されている。また，「刑法等の一部を改正する法律」（平成25年法律第49号）により，刑の一部の執行猶予制度が導入され，平成28年6月1日から施行されている。

　第二版では，これらの法改正に合わせて関連する箇所の記述を改め，平成30年までの裁判例や窃盗症（クレプトマニア）についての記述を加えて，ここに第二版を発行することになった。

　平成31年3月

　　　　　　　　　　　　　　　　　　　　　　　　　三　好　一　幸

目　　次

文献，判例凡例

刑集	最高裁判所刑事判例集
裁判集刑	最高裁判所裁判集刑事
民集	最高裁判所民事判例集
高刑集	高等裁判所刑事判例集
高判特	高等裁判所刑事判決特報
東高刑時報	東京高等裁判所刑事判決時報
高検速報	高等裁判所刑事裁判速報
判例解説	最高裁判所判例解説刑事篇
判時	判例時報
判タ	判例タイムズ
起案の手引	刑事判決書起案の手引（司法研修所，平成19年版）
検察講義案	検察講義案（司法研修所検察教官室）
大コン刑訴	大コンメンタール刑事訴訟法第二版（青林書院）
刑事事実認定	刑事事実認定（小林充・香城敏麿編，判例タイムズ社）
事実認定入門	刑事事実認定入門第2版（石井一正著，判例タイムズ社）
実践的認定	実践的刑事事実認定と情況証拠（植村立郎著，立花書房）
新実例刑訴	新実例刑事訴訟法（青林書院，平成16年発行）
量刑判断	量刑判断の実際〔第3版〕（原田國男著，立花書房）
諸問題	判タ1281号刑種の選択と執行猶予に関する諸問題(2)
司法統計年報	司法統計年報（最高裁判所事務総局，平成29年）
検察統計年報	検察統計年報（法務省，平成29年）
法	刑事訴訟法
規則	刑事訴訟規則

第1編　争いのない事件

第1章　公判手続の原則

第1　当事者主義

> この法律は，刑事事件につき，公共の福祉の維持と個人の基本的人権の保障とを全うしつつ，事案の真相を明らかにし，刑罰法令を適正且つ迅速に適用実現することを目的とする。　　　　　　　　　（法1条）

1　当事者主義

当事者主義とは，訴訟進行を当事者にゆだねる方式をいう。公判手続は，主として，公判期日における当事者双方の攻撃防御によって展開される当事者主義を基調としている。

2　職権主義

職権主義とは，訴訟進行を裁判所の責務とする方式をいう。

第2　弁論主義

弁論主義とは，当事者の弁論に基づいて審理を行う主義である。

第3　口頭主義

> 判決は，この法律に特別の定のある場合を除いては，口頭弁論に基いてこれをしなければならない。　　　　　　　　　　　　（法43条1項）

口頭主義とは，訴訟資料を口頭で裁判所に提供し，裁判所がこれに基づいて審判をすべきものとする主義をいう。

第4　直接主義

1　直接主義

直接主義とは，公判廷で裁判所により直接取り調べられた証拠に限ってのみ裁判の基礎とすることができるとする主義である。

2　公判手続の更新

> 　開廷後裁判官がかわつたときは，公判手続を更新しなければならない。但し，判決の宣告をする場合は，この限りでない。　　　　　（法315条）
>
> 　公判手続を更新するには，次の例による。
>
> 　一　裁判長は，まず，検察官に起訴状（起訴状訂正書又は訴因若しくは罰条を追加若しくは変更する書面を含む。）に基いて公訴事実の要旨を陳述させなければならない。但し，被告人及び弁護人に異議がないときは，その陳述の全部又は一部をさせないことができる。
>
> 　二　裁判長は，前号の手続が終つた後，被告人及び弁護人に対し，被告事件について陳述する機会を与えなければならない。
>
> 　三　以下略　　　　　　　　　　　　　　　　　　　（規則213条の2）

(1)　更新の趣旨

　公判手続の更新は，裁判官が交替したときなどに，口頭主義，直接主義の要請により，裁判所の心証を再構築するために行われる。

(2)　更新の手続

　公判手続の更新は，規則213条の2によって行われる。

　裁判長は，まず，検察官に公訴事実の要旨を陳述させなければならない。実務では，被告人や弁護人に異議がないことを確認して，省略することがほとんどである。

　次に，裁判長は，被告人及び弁護人に，被告事件について陳述する機会を与えなければならない。被告人及び弁護人は，更新時における被告事件に対する意見を述べることになる。

第5　公開主義

> 　裁判の対審及び判決は，公開法廷でこれを行ふ。　　　（憲法82条1項）

　公開主義とは，一般国民に審判の傍聴を許して裁判の公正さを担保する主義をいう。

第２章　起訴状の記載事項

> 　公訴の提起は，起訴状を提出してこれをしなければならない。
>
> （法256条１項）
>
> 　起訴状には，左の事項を記載しなければならない。
> 一　被告人の氏名その他被告人を特定するに足りる事項
> 二　公訴事実
> 三　罪名　　　　　　　　　　　　　　　　　　　　　（同条２項）
> 　罪名は，適用すべき罰条を示してこれを記載しなければならない。但し，罰条の記載の誤は，被告人の防禦に実質的な不利益を生ずる虞がない限り，公訴提起の効力に影響を及ぼさない。　　　　　　（同条４項）

> 　起訴状には，法第256条に規定する事項の外，次に掲げる事項を記載しなければならない。
> 一　被告人の年齢，職業，住居及び本籍。但し，被告人が法人であるときは，事務所並びに代表者又は管理人の氏名及び住居
> 二　被告人が逮捕又は勾留されているときは，その旨（規則164条１項）
> 　前項第１号に掲げる事項が明らかでないときは，その旨を記載すれば足りる。　　　　　　　　　　　　　　　　　　　　　（同条２項）

【起訴状例1】

平成○○年検第○○○○号

起　訴　状

平成○○年○月○日

東 京 簡 易 裁 判 所 殿

東 京 区 検 察 庁
検察官副検事 ○ ○ ○ ○ （印）

下記被告事件につき公訴を提起する。

記

本　籍　　東京都世田谷区（以下略）
住　居　　東京都世田谷区（以下略）
職　業　　無　職

勾留中　　　　　　　　○　　○　　○　　○
平成○○年○月○日生

公　訴　事　実

　被告人は，平成24年5月15日午後1時35分頃，東京都千代田区（以下略）株式会社○○1階ノートパソコン売り場において，同店店長A管理のタブレット型情報端末機2台（販売価格合計9万1598円）を窃取したものである。

罪　名　及　び　罰　条

窃　盗　　　　　　　　　　　刑法235条

> 　公訴事実は，訴因を明示してこれを記載しなければならない。訴因を明示するには，できる限り日時，場所及び方法を以て罪となるべき事実を特定してこれをしなければならない。　　　　　　　　　　　　　　　　（法256条3項）

第1　訴因の特定

1　訴因の意義

　訴因とは，検察官の主張する犯罪事実であり，特定の犯罪構成要件に当てはめて法律的に構成された具体的な事実である。

2　訴因の特定

　訴因は，できる限り日時，場所及び方法を以て罪となるべき事実を特定して明示しなければならない。

(1)　訴因の明示の要否

　ある事項を訴因に明示することが，訴因の特定にとって必要であるか否かの問題である。

　ア　**識別説**

　訴因の特定としては，訴因の犯罪事実と他の犯罪事実を識別するのに必要な事項を明示すれば足りるとする。

　判例や実務の扱いは識別説によっている。

　イ　**防御権説**

　上記の事項に加え，被告人側の防御にとって重要な事項を明示すべきであるとする。

(2)　訴因の明示の程度

　明示が必要な事項を，どの程度詳細に明示しなければならないかの問題である。

【判例①】訴因について，犯罪の種類，性質等により詳細な記載ができない場合には，他の犯罪事実との識別が可能な限りで幅のある表示をすることを許している。（最大判昭37・11・28刑集16巻11号1633頁，判時322号2頁，判タ140号69頁，白山丸事件判決参照）

　常習犯，営業犯，包括一罪の事案では，犯罪を構成する個々の行為の個別の特定は不要であり，全体として特定されていれば足りる。

【判例②】包括一罪を構成する一連の暴行による傷害については，個別機会の暴行の日時等が記載されておらず，各機会の暴行と傷害の発生，拡大等との対応関係が個々に特定されていない訴因であっても，共犯者，被害者，期間，場所，暴行の態様及び傷害結果の記載により，他の犯罪事実との区別が可能であり，また，それが傷害罪の構成要件に該当するかどうかを判定するに足りる程度に具体的に明らかにされているから，訴因の特定に欠けるところはない。（最1小決平26・3・17刑集68巻3号368頁，判時2229号112頁，判タ1404号99頁）

3　訴因変更

> 　裁判所は，検察官の請求があるときは，公訴事実の同一性を害しない限度において，起訴状に記載された訴因又は罰条の追加，撤回又は変更を許さなければならない。　　　　　　　　　　　　　　　　　（法312条1項）

(1)　訴因変更

訴因変更とは，個々の訴因の内容を変更することである。

(2)　訴因変更の要否

ア　事実記載説

訴因変更の要否については，訴因と認定との間のずれが，法律構成ではなく事実面において一定の限度を超える場合に訴因変更を要すると解する**事実記載説**が，判例・多数説である。

イ　抽象的防御説

一定の限度を超えるか否かの判断について，抽象的防御説は，基本的には，具体的な訴訟の経過を離れて，訴因と認定すべき事実とを比較し，訴因変更を経ないことが抽象的・一般的に被告人の防御に不利益を来すか否かの観点から判定すべきであるとする。

(3)　訴因変更の基準

起訴状の公訴事実として記載されている事項は，(ア)審判対象を画定する事項，(イ)審判対象を画定する事項ではないが，被告人の防禦にとって重要な事項，(ウ)これら以外の事項の3つに分類される。

(ア)の事項について訴因と異なる認定をするには，訴因変更の手続が必要である。(イ)の事項について訴因と異なる認定をするには，訴因変更の手続が

原則的に必要だが，例外的な場合（具体的な審理の経過に照らし，被告人に不意打ちを与えるものではなく，かつ，被告人に不利益な認定ではない場合）にはその必要がない。㋑の事項については，訴因変更の手続は必要ではない。

【判例③】　殺人罪の共同正犯の訴因において実行行為者が明示された場合に，それと実質的に異なる認定をするには，原則として訴因変更手続を要するが，被告人に不意打ちを与えるものではなく，かつ，認定される事実が訴因に記載された事実に比べて被告人にとってより不利益であるとはいえない場合には，訴因変更手続を経ることなく訴因と異なる実行行為者を認定しても違法ではない。（最 3 小決平13・4・11刑集55巻 3 号127頁，判時1748号175頁，判タ1060号175頁）

第 2　起訴状一本主義

1　起訴状一本主義

起訴状以外の書類及び証拠物等の添附や引用は，禁止される。

> 起訴状には，裁判官に事件につき予断を生ぜしめる虞のある書類その他の物を添附し，又はその内容を引用してはならない。　　　（法256条 6 項）

【判例④】　裁判官が事件について先入的心証を抱くことなく白紙の状態で第 1 回の公判期日に臨み，その後の審理の進行に従い，証拠によって事案の真相を明らかにし，もって公正な判決に到達する手続の段階を示したもので，直接審理主義および公判中心主義の精神を実現するとともに裁判官の公正を訴訟手続上より確保し，よって公平な裁判所の性格を客観的にも保障しようとする重要な目的をもっている。（最大判昭27・3・5刑集 6 巻 3 号351頁，判時103号 4 頁，判タ19号64頁）

2　予断排除の原則

起訴状一本主義の目的は，予断の排除にあるため，**予断排除の原則**ともよばれる。

第 1 回公判期日までは，勾留に関する処分は，公判担当裁判官以外の裁判官が行う。

> 公訴の提起があつた後第1回の公判期日までは，勾留に関する処分は，裁判官がこれを行う。　　　　　　　　　　　　　　　　　　　（法280条1項）

3　余事記載の禁止

訴因の明示に必要な事項の記載は要求されているが（法256条3項），必要のない事項の記載は，不適法な**余事記載**となる。

第3　結語の記載

実務では，訴因として明示した事実の記載だけでは何の犯罪が成立するのか分かりにくい場合，公訴事実の末尾に，いわゆる「もって書き」により法的評価を加えて，罰条記載の犯罪が成立することを明示することもある。

例えば公務執行妨害罪（刑法95条1項）の場合，職務執行中の公務員に暴行・脅迫を加えることにより成立するが，それのみでは同罪が成立することが分かりにくいため，公訴事実の末尾に「もって職務の執行を妨害し」と付記する例が多い（起案の手引84頁）。

第3章　シナリオ

シナリオⅠ
（人定質問から結審まで）

裁判官　それでは開廷いたします。被告人は，証言台の前に立ってください。

名前は何といいますか？本籍（国籍）はどこですか？住んでいるところはどこですか？職業は何ですか？生年月日はいつですか？

起訴状の謄本は受け取っていますね。

それではこれから被告人に対する窃盗被告事件の審理をします。そのままで聞いていて下さい。

検察官は，起訴状を朗読してください。

検察官　起訴状を朗読します。

公訴事実，被告人は，……を窃取したものである。

罪名及び罰条，窃盗，刑法235条。

以上の事実につき，御審理願います。

裁判官　審理に先立って注意をしておきます。これから今読まれた事実について審理しますが，被告人には，黙秘権及び供述拒否権という権利があります。この法廷で最初から最後まで黙っていることもできますし，一つ一つの質問ごとに，ある質問には答え，ある質問には供述を拒否するということもできます。もちろん，被告人の方から供述することもできますが，被告人がここで述べたことは，被告人に有利な証拠にも不利な証拠にもなります。

その上で尋ねますが，先ほど検察官が読み上げた起訴状の公訴事実については，どうですか？何か述べたいことがありますか？

被告人　事実はそのとおり間違いありません。

裁判官　弁護人はいかがですか？

弁護人　被告人と同様です。

裁判官　それではこれから証拠調べに入ります。被告人は元の席に戻って座っていて下さい。

検察官は冒頭陳述をしてください。

検察官　検察官が証拠によって立証しようとする事実は次のとおりです。

　　　　（冒頭陳述要旨を読み上げる。）

　　　　以上の事実を立証するため，証拠等関係カード（甲）（乙）記載の証拠の取調べを請求します。

裁判官　ただ今，検察官から証拠調べの請求があった証拠について，弁護人の御意見を伺います。

弁護人　甲乙いずれも同意します。

裁判官　それでは，請求のあった証拠を甲乙全部（番号……を除いて）採用します。

　　　　弁護人，書証の取調べ方法については，要旨の告知でよろしいですか。

弁護人　結構です。

裁判官　検察官は，証拠の要旨を告げてください。

検察官　証拠の要旨を告げます。

　　　　甲1号証は……。続いて，乙1号証は……。

　　　　（証拠物があれば被告人を前に立たせて，検察官に証拠物を示させる。）

裁判官　弁護人，証拠調べの請求をどうぞ。

弁護人　本日提出の証拠等関係カードに記載したとおりです。

裁判官　弁護人から証拠調べの請求があった証拠について，検察官の御意見を伺います。

検察官　書証については同意します。証人については然るべく。

裁判官　それでは，請求のあった証拠をいずれも採用します。

　　　　弁護人は，弁号証の要旨を告げてください。

弁護人　証拠の要旨を告げます。弁1号証は……。

裁判官　証人の方，中に入って証言台の前にお立ちください。

　　　　お名前は何とおっしゃいますか？生年月日，住所及び職業については，証人カードに記載されたとおりですね？

　　　　では，嘘をつかないという趣旨で宣誓をしていただきます。お手元の宣誓書を声を出して朗読して下さい。

　　　　今，宣誓していただいたように，真実をありのままに述べて下さい。もし，記憶に反することを述べると，偽証罪に問われることがあります。

　　　　それでは，弁護人どうぞ。

　　　　検察官も質問されますか。

裁判官　被告人質問を行いますから，被告人は，証言台の前に立ってください。

　　　　弁護人，質問をどうぞ。

　　　　検察官，質問をどうぞ。

　　　　裁判所から少し尋ねますが……。

裁判官　検察官，弁護人，他に立証することがありますか？

双　方　ございません。

裁判官　検察官，それでは論告をどうぞ。

検察官　被告人に対する検察官の意見は次のとおりです。

　　　　（論告要旨を読み上げる。）

裁判官　弁護人，御意見をどうぞ。

弁護人　弁護人の弁論は次のとおりです。

　　　　（弁論要旨を読み上げる。）

裁判官　被告人は，証言台の前に立ってください。これで，この事件の審理を終わることになりますが，最後に自分自身の口で述べておきたいことがありますか。

被告人　もう二度と，このようなことはいたしません。

裁判官　それでは，これで結審して，判決は○月○日火曜日の午前10時に言い渡します。

　　　　閉廷します。

第4章　公判手続

> 　公判廷においては，被告人の身体を拘束してはならない。但し，被告人が暴力を振い又は逃亡を企てた場合は，この限りでない。
>
> （法287条1項）
>
> 　被告人の身体を拘束しない場合にも，これに看守者を附することができる。
>
> （同条2項）
>
> 　被告人は，裁判長の許可がなければ，退廷することができない。
>
> （法288条1項）
>
> 　裁判長は，被告人を在廷させるため，又は法廷の秩序を維持するため相当な処分をすることができる。
>
> （同条2項）

第1　冒頭手続

　冒頭手続は，人定質問，起訴状の朗読，黙秘権等の告知，被告人及び弁護人の被告事件に対する陳述（罪状認否）の順序で行われる。

1　人定質問

> 　裁判長は，検察官の起訴状の朗読に先だち，被告人に対し，その人違でないことを確めるに足りる事項を問わなければならない。　（規則196条）

(1)　人定質問

　起訴状の朗読に先だって，裁判長は，被告人として出頭している者が起訴状に表示された者と同一人であるかどうかを確めるに足りる事項を問わなければならない。これを**人定質問**という。

　実務では，起訴状に記載されている被告人の氏名，生年月日，本籍（外国人の場合は国籍），住居（法人の場合は本店の所在地）及び職業を尋ねて，起訴状に表示された者と同一人物であることを確認している。

(2)　氏名の黙秘

　人定質問に対して被告人が氏名を黙秘する権利があるとはいえないとされている。

【判例⑤】被告人の氏名のごときは，原則として，憲法38条１項の不利益な事項ということはできず，それにつき黙秘する権利があるとはいえない。
（最大判昭32・2・20刑集11巻２号802頁，判時103号９頁）

2　起訴状の朗読

> 検察官は，まず，起訴状を朗読しなければならない。　　（法291条１項）

(1)　起訴状の朗読

　法291条１項は，公判期日における実質的な審理が，検察官の起訴状の朗読によって始まることを規定している。

　起訴状は必ず朗読することを要し，朗読を省略したり要旨の告知で代えることはできない。

【判例⑥】起訴状の朗読がなかったときは，判決に影響を及ぼすことが明らかな訴訟手続の法令違反となる。（東京高判昭42・3・6高刑集20巻２号85頁，判時489号79頁，判タ207号115頁）

(2)　朗読すべき事項

　検察官が朗読すべき事項は，公訴事実，罪名及び罰条である。公訴事実の内容を別紙一覧表にして起訴状に添付してあるときも，その朗読は省略できない。

　ただ，別紙一覧表として，包括一罪又は併合罪の同種事項が数十個以上記載があるような場合は，被告人の承諾があるときは，この別表の分は要約して朗読しても違法とはならない。（「刑事訴訟の実務」〔新版〕（上）675頁，新日本法規）

　要約した朗読とともに，別紙一覧表の写しを被告人に示す方法もある。

(3)　被害者等特定事項の非公開

　犯罪被害者等の権利利益の保護を図るため，裁判所は，相当と認めるときは，被害者等特定事項の秘匿決定をすることができる。

> 　裁判所は，次に掲げる事件を取り扱う場合において，当該事件の被害者等（被害者又は被害者が死亡した場合若しくはその心身に重大な故障がある場合におけるその配偶者，直系の親族若しくは兄弟姉妹をいう。以下同じ。）若しくは当該被害者の法定代理人又はこれらの者から委託を受けた弁護士から申出があるときは，被告人又は弁護人の意見を聴き，相当と認めるときは，被害者特定事項（氏名及び住所その他の当該事件の被害者を特定させることとなる事項をいう。以下同じ。）を公開の法廷で明らかにしない旨の決定をすることができる。（以下略）
>
> 　　　　　　　　　　　　　　　　　　　　　（法290条の2第1項）

【判例⑦】殺人に係る被害者等特定事項を公開の法廷で明らかにしない旨の決定がされた事例。（最1小決平20・3・5判タ1266号149頁）

3　黙秘権等の告知

> 　裁判長は，起訴状の朗読が終つた後，被告人に対し，終始沈黙し，又は個々の質問に対し陳述を拒むことができる旨その他裁判所の規則で定める被告人の権利を保護するため必要な事項を告げた上，被告人及び弁護人に対し，被告事件について陳述する機会を与えなければならない。
>
> 　　　　　　　　　　　　　　　　　　　　　　（法291条4項）
>
> 　裁判長は，起訴状の朗読が終つた後，被告人に対し，終始沈黙し又個々の質問に対し陳述を拒むことができる旨の外，陳述をすることもできる旨及び陳述をすれば自己に不利益な証拠ともなり又利益な証拠ともなるべき旨を告げなければならない。　　　　　　　　　　（規則197条1項）
>
> 　裁判長は，必要と認めるときは，被告人に対し，前項に規定する事項の外，被告人が充分に理解していないと思料される被告人保護のための権利を説明しなければならない。　　　　　　　　　　　　（同条2項）

(1)　黙秘権と供述拒否権

　黙秘権とは終始沈黙する権利であり，**供述拒否権**とは個々の質問に対し陳述を拒むことができる権利である。供述とは，主として事実を述べる場合であり，陳述とは異なる用語である。

(2)　追起訴の審理と黙秘権等の告知

【判例⑧】黙秘権等の告知は，同一訴訟手続において当初に 1 回なされていれば足り，追起訴があって併合審理をする場合，改めて黙秘権等を告知する必要はない。（東京高判昭24・12・20高判特 5 号107頁）

　　実務の運用としては，追起訴があって併合審理をする場合，黙秘権等のあることについて注意を喚起した上，陳述の機会を与えることが望ましい。

4　被告人及び弁護人の被告事件に対する陳述（罪状認否）

(1)　陳述の主体

　　被告人及び弁護人である。主任弁護人があるときは，被告人のほか，主任弁護人に陳述の機会を与えれば足りる。

(2)　陳述の範囲

　　被告事件についての陳述（法291条 4 項）とは，事件の実体についての陳述（公訴事実の認否，正当防衛，緊急避難その他法律上の犯罪阻却事由ないし刑の減免事由の主張），訴訟条件の存否に関する主張（管轄権の不存在の主張，公訴棄却ないし免訴事由の存在の主張）をいう。

【判例⑨】被告事件についての陳述は，構成要件，違法性ないし有責性阻却事由に関する事実を含む公訴事実に関する認否であるが，概括的なものでなければならず，時間的範囲も冒頭手続の目的と機能に応ずる合理的なものでなければならない。事件の背景事情に関する被告人の陳述を制限し，かかる注意ないし勧告をすることは適法な訴訟指揮である。（東京高判昭54・10・23高検速報2380号，判タ407号157頁）

(3)　被告人に対する質問

　　被告人の事実に対する陳述があいまいなときは，陳述の内容を明確にし，争点を明らかにする趣旨で，裁判官が被告人に対して若干の質問をすることは違法ではない。

【判例⑩】法291条による手続が終わった後，証拠調べに入る前に裁判官が被告人に対し公訴事実について質問することは，本法の精神に添わないきらいがないではないが，違法とはいえない。（最大判昭25・12・20刑集 4 巻13号2870頁）

(4) 追起訴等があった場合と陳述の機会

　　追起訴，訴因の追加・変更があった場合は，その事項について陳述の機会を与えなければならない。

5　訴訟指揮権

> 　公判期日における訴訟の指揮は，裁判長がこれを行う。　　　（法294条）
>
> 　裁判長は，必要と認めるときは，訴訟関係人に対し，釈明を求め，又は立証を促すことができる。　　　　　　　　　　　　（規則208条1項）

　訴訟指揮権とは，裁判所の有する訴訟の主宰権能に基づき，訴訟の進行を秩序づけ，公平かつ迅速に手続を進行させ，終局目標である正しい判断に到達するためにする合目的的活動をいう。

【判例⑪】裁判所は，その訴訟上の地位にかんがみ，法規の明文ないし訴訟の基本構造に違背しないかぎり，適切な裁量により公正な訴訟指揮を行い，訴訟の合目的的進行をはかるべき権限と職責を有する。（最2小決昭44・4・25刑集23巻4号248頁，判時554号3頁，判タ233号284頁）

第2　証拠調手続

1　検察官の冒頭陳述

> 　証拠調のはじめに，検察官は，証拠により証明すべき事実を明らかにしなければならない。但し，証拠とすることができず，又は証拠としてその取調を請求する意思のない資料に基いて，裁判所に事件について偏見又は予断を生ぜしめる虞のある事項を述べることはできない。　　　（法296条）

(1) 冒頭陳述の目的

　　冒頭陳述の目的は，証拠調手続の冒頭において，検察官が，事件の概要及び立証方針を明らかにすることにより，裁判官に対して心証を採る対象を明らかにし，被告人・弁護人に対して防御の対象を明らかにすることである。

(2) 冒頭陳述の内容

　　冒頭陳述によって明らかにされるのは，「証拠により証明すべき事実」であり，公訴事実である訴因を構成する事実，犯情事実及び前科その他の一般

情状事実である。

　前科その他の情状に関する事実については，冒頭陳述で述べてもよいとされている（名古屋高判昭26・3・3高刑集4巻2号143頁）。

【冒頭陳述要旨の例】

冒頭陳述要旨

（罪名）窃　盗　　　　　　　　　　　　（被告人）〇　〇　〇　〇

第1　被告人の身上経歴等

　　1　京都府で出生。同府内の高校卒業後，大阪市内の調理師専門学校に進学。同専門学校卒業後，数軒の飲食店で稼働。犯行時は飲食店でアルバイトをしていた。

　　2　離婚歴あり。犯行時は住居地で単身生活。

　　3　前科1犯。前歴5件。
　　　　前科は，平成23年12月10日確定判決，東京簡易裁判所，窃盗罪（携帯電話万引き），懲役1年10月，3年間執行猶予。

第2　犯行に至る経緯，犯行状況及び発覚の端緒等

　　1　被告人は，平成24年5月15日，被害店舗を訪れた。そして，1階パソコン売り場において，「アイパッド2」2台の防犯ケーブルを外し，1台はバッグの中に入れ，1台は手に持ったまま店外に出て窃取し，公訴事実記載の犯行に及んだ。

　　2　被害店従業員〇〇は，売り場巡回中，「アイパッド2」が置いてあるコーナーで被害店スタッフと話していた被告人を見た時，被告人が万引きの要注意人物によく似ていたことから上司に報告した。その後，〇〇は，商品の防犯ケーブルを抜いた時に鳴る音と，それに続いて防犯ゲートが反応する音を聞き，防犯ゲートの方を確認すると，被告人が手に「アイパッド2」を持って防犯ゲートを出たところであった。
　　　　事務所で確認すると被告人のバッグ内に「アイパッド2」が1台入っていた。その後，被告人は警察に引き渡され，逮捕された。
　　　　なお，被害品は，当日被害店に還付された。

第3　その他情状

2　検察官の証拠調べ請求

> 検察官，被告人又は弁護人は，証拠調を請求することができる。
>
> （法298条1項）
>
> 検察官は，まず，事件の審判に必要と認めるすべての証拠の取調を請求しなければならない。　　　　　　　　　　　　　　（規則193条1項）

(1)　検察官の証拠調べ請求

　　検察官は，公訴事実について立証する責任を負っているので，被告人側に先だって証拠調べの請求をする。

　　検察官は，審理の経過に従って取調べが必要になったときは，新たに証拠調べの請求をすることができる。

(2)　請求の方式

　　証拠調べの請求は，書面でも口頭でもできるが（規則296条1項），実務においては，**証拠等関係カード**を提出して請求が行われている。

　　証拠等関係カードは，検察官請求分，弁護人請求分，職権分に分けられる。

　　検察官請求分は，さらに，甲号証と乙号証に分けられる。**甲号証**は，犯罪事実に関する証拠で被告人の供述調書等を除いたものであり，**乙号証**は，被告人の供述調書，供述書，身上・前科関係の証拠である。

　　争いのない事件では，検察官は甲号証と乙号証を一括して証拠調べの請求をする。

略　語　表

1，2…	第1回公判，第2回公判…〔「期日」欄のみ〕	捜　押	捜索差押調書
前1，前2…	第1回公判前整理手続，第2回公判前整理手続…	記　押	記録命令付差押調書
間1，間2…	第1回期日間整理手続，第2回期日間整理手続…	任	任意提出書
※1，※2…	証拠等関係カード（続）「※」欄の番号1，2…の記載に続く	領	領置調書
決　定	証拠調べをする旨の決定	仮　還	仮還付請書
済	取調べ済み	還	還付請書
裁	裁判官に対する供述調書	害	被害届，被害てん末書，被害始末書，被害上申書
検	検察官に対する供述調書	追　害	追加被害届，追加被害てん末書，追加被害始末書，追加被害上申書
検　取	検察官事務取扱検察事務官に対する供述調書	答	答申書
事	検察事務官に対する供述調書	質	質取てん末書，質取始末書，質受始末書，質取上申書，質受上申書
員	司法警察員に対する供述調書	買	買受始末書，買受上申書
巡	司法巡査に対する供述調書	始　末	始末書
麻	麻薬取締官に対する供述調書	害　確	被害品確認書，被害確認書
大	大蔵事務官に対する質問てん末書	放　棄	所有権放棄書，電磁的記録に係る権利放棄書
財	財務事務官に対する質問てん末書	返　還	協議返還書
郵	郵政監察官に対する供述調書	上	上申書
海	海上保安官に対する供述調書	報	捜査報告書，捜査状況報告書，捜査復命書
弁　録	弁解録取書	発　見	遺留品発見報告書，置去品発見報告書
逆　送	家庭裁判所の検察官に対する送致決定書	現　認	犯罪事実現認報告書
告　訴	告訴状	写　報	写真撮影報告書，現場写真撮影報告書
告　調	告訴調書	交　原	交通事件原票
告　発	告発状、告発書	交原（報）	交通事件原票中の捜査報告書部分
自　首	自首調書	交原（供）	交通事件原票中の供述書部分
通　逮	通常逮捕手続書	検　調	検証調書
緊　逮	緊急逮捕手続書	実	実況見分調書
現　逮	現行犯人逮捕手続書	捜　照	捜査関係事項照会回答書，捜査関係事項照会書，捜査関係事項回答書
捜	捜索調書	免　照	運転免許等の有無に関する照会結果書，運転免許等の有無に関する照会回答書，運転免許調査結果報告書

押	差押調書	速 力	速度違反認知カード
選 権	選挙権の有無に関する照会回答書	寄 附	贖罪寄附を受けたことの証明
診	診断書	嘆	嘆願書
治 照	交通事故受傷者の病状照会について，交通事故負傷者の治療状況照会，診療状況照会回答書，治療状況照会回答書	(謄)	謄本
検 視	検視調書	(抄)	抄本
死	死亡診断書，死体検案書	(検)	検察官
酒 力	酒酔い酒気帯び鑑識カード	(検取)	検察官事務取扱検察事務官
鑑 嘱	鑑定嘱託書	(事)	検察事務官
鑑	鑑定書	(員)	司法警察員
電 話	電話聴取書，電話報告書	(巡)	司法巡査
身	身上照会回答書，身上調査照会回答書，身上調査票，身上調査回答	(大)	大蔵事務官
戸	戸籍謄本，戸籍抄本，戸籍（全部・一部・個人）事項証明書	(財)	財務事務官
戸 附	戸籍の附票の写し	(被)	被告人
登 記	不動産登記簿謄本，不動産登記簿抄本，登記（全部・一部）事項証明書		
商 登 記	商業登記簿謄本、商業登記簿抄本，登記（全部・一部）事項証明書		
指	指紋照会回答票，指紋照会書回答票，指紋照会書通知書，指紋照会書回答，指紋照会書回答，指紋照会回答書		
現 指	現場指紋による被害者確認回答書，現場指紋等確認報告書		
氏 照	氏名照会回答書，氏名照会票，氏名照会記録書		
前 科	前科調書，前科照会（回答）書，前科照会書回答		
前 歴	前歴照会（回答）書		
犯 歴	犯罪経歴回答書，犯罪経歴電話照会回答書		
外 調	外国人登録（出入国）記録調査書		
判	判決書謄本，判決書抄本，調書判決謄本，調書判決抄本		
決	決定書謄本，決定書抄本		
略	略式命令謄本，略式命令抄本		
示	示談書，和解書		
受	受領書，受領証，領収書，領収証，受取書，受取証		
現 受	現金書留受領証，現金書留引受証		
振 受	振込金兼手数料受領書，振込金受領書		

【証拠等関係カードの例】

請求者等　検察官				平成　24　年（ろ）第　○○○　号			
証 拠 等 関 係 カ ー ド （甲） (No. 1)							
(このカードは，公判期日，公判前整理手続期日又は期日間整理手続期日においてされた事項については，各期日の調書と一体となるものである。)							

番号 標　目 〔供述者·作成年月日，住居·尋問時間等〕 立 証 趣 旨 （公 訴 事 実 の 別）	請求 期日	意　見 期日	内　容	結　果 期日	内　容	取調順序	備　考 編てつ箇所
1　　害 〔　B　　　　　24.5.15〕 被害事実等 （　　　　　　　　　）							
2　　被害届訂正報告書 〔（員）○○○○　24.5.16〕 被害場所の名称の訂正 （　　　　　　　　　）							
3　　検 〔　B　　　　　24.5.22〕 被告人を警戒していた経緯，被告人を確保した状況，被害状況等 （　　　　　　　　　）							
4　　実 〔（員）○○○○　24.5.15〕 被害現場付近の状況，被害現場の状況等 （　　　　　　　　　）							
5　　被害場所写真撮影報告書 〔（員）○○○○　24.5.15〕 被害現場の状況，被告人を確保した状況等 （　　　　　　　　　）							

（被告人 ○ ○ ○ ○ 　）

（被告人一名用）

請求者等　検察官						平成　２４　年（ろ）第　○○○　号			

証 拠 等 関 係 カ ー ド　（甲）　(No. 2)

（このカードは，公判期日，公判前整理手続期日又は期間整理手続期日においてされた事項については，各期日の調書と一体となるものである。）

番号 標　目 〔供述者・作成年月日，住居・尋問時間等〕 立　証　趣　旨 （公　訴　事　実　の　別）	請求 期日	意　見 期日	内　容	結　果 期日	内　容	取調順序	備　考 編てつ箇所
6　任 〔　B　　　　　　24.5.15 〕 被害品の任意提出 （　　　　　　　　　　）							
7　領 〔　(巡)○○○○　　24.5.15〕 被害品の領置 （　　　　　　　　　　）							
8　証拠品写真撮影報告書 〔　(員)○○○○　　24.5.15〕 被害品の状況 （　　　　　　　　　　）							
9　還 〔　B　　　　　　24.5.15 〕 被害品の還付 （　　　　　　　　　　）							
10　被疑者写真撮影報告書 〔　(員)○○○○　　24.5.15〕 被告人の犯行時の人着 （　　　　　　　　　　）							

〈被告人一名用〉

（被告人　○　○　○　○　　）

	請求者等　　検察官								平成　24　年（ろ）第　○○○　号

証　拠　等　関　係　カ　ー　ド　（甲）　(No. 3)

（このカードは，公判期日，公判前整理手続期日又は期日間整理手続期日においてされた事項については，各期日の調書と一体となるものである。）

番号　標　目〔供述者・作成年月日，住居・尋問時間等〕　立　証　趣　旨（公　訴　事　実　の　別）	請求 期 日	意　見 期 日	内　容	結　果 期 日	内　容	取調順序	備　考 編てつ箇所
11　　写報 〔（巡）○○○○　　24.5.15〕 犯行に使用した手提げ鞄の形状 （　　　　　　　　　）							
12　　電話聴取結果報告書 〔（員）○○○○　　24.5.15〕 被告人の生活状況等 （　　　　　　　　　）							
13　　電話聴取結果報告書 〔（員）○○○○　　24.5.20〕 被告人の通院状況等 （　　　　　　　　　）							
14　　精神衛生診断書 〔医師　○○○○　　24.5.31〕 被告人の犯行時の責任能力等 （　　　　　　　　　）							
15　　引当り実施結果報告書 〔（員）○○○○　　24.5.15〕 犯行場所の引当り状況 （　　　　　　　　　）							

（被告人　○　○　○　○　　）

（被告人一名用）

請求者等　　検察官								平成　24　年（ろ）第　○○○　号	

証 拠 等 関 係 カ ー ド　（甲）　(No. 4　)

（このカードは，公判期日，公判前整理手続期日又は期日間整理手続期日においてされた事項については，各期日の調書と一体となるものである。）

番号 標　　　　目 〔供述者・作成年月日，住居・尋問時間等〕 立　証　趣　旨 （公　訴　事　実　の　別）	請求	意　　　見		結　　　果			備　　考
	期日	期日	内　　容	期日	内　　容	取調順序	編てつ箇所
16　所持金品目録　〔（員）○○○○　　24.5.15〕 被告人の逮捕時の所持金品の状況 （　　　　　　　　　　）							
〔　　　　　　　　　　　〕 （　　　　　　　　　　）							
〔　　　　　　　　　　　〕 （　　　　　　　　　　）							
〔　　　　　　　　　　　〕 （　　　　　　　　　　）							
〔　　　　　　　　　　　〕 （　　　　　　　　　　）							

（被告人一名用）

（被告人　○　○　○　○　　）

請求者等　　検察官						平成　24　年（ろ）第　○○○　号			

証 拠 等 関 係 カ ー ド （乙）　（No. 1　）

（このカードは，公判期日，公判前整理手続期日又は期日間整理手続期日においてされた事項については，各期日の調書と一体となるものである。）

番号 標 目 〔供述者・作成年月日，供述・尋問時間等〕 立 証 趣 旨 （公 訴 事 実 の 別）	請求 期 日	意　　見 期 日	内　　容	結　　果 期 日	内　　容	取調順序	備　　考 編てつ箇所
1　　員 〔（被）　　　　　24.5.16〕 身上・経歴等 （　　　　　　　　　　）							
2　　検 〔（被）　　　　　24.5.22〕 犯行に至る経緯，生活状況等 （　　　　　　　　　　）							
3　　検 〔（被）　　　　　24.6.1 〕 犯行についての弁解状況等 （　　　　　　　　　　）							
4　　被告人供述調書（手続 調書添付）（抄） 〔（被）東京簡易裁判所刑事第1室・ 平成23年（ろ）第○○○号等・第1回公判〕 前刑裁判での供述内容等 （　　　　　　　　　　）							
5　　戸（戸附添付） 〔 世田谷区長　　　24.5.17〕 身上関係 （　　　　　　　　　　）							

（被告人　○　○　○　○　　）

| 請求者等 検察官 | | | | | | 平成 24 年 (ろ) 第 ○○○ 号 | | |

証 拠 等 関 係 カ ー ド （乙） (No. 2)

（このカードは，公判期日，公判前整理手続期日又は期日間整理手続期日においてされた事項については，各期日の調書と一体となるものである。）

番号 標 目 〔供述者・作成年月日・住居・尋問時間等〕 立 証 趣 旨 （公 訴 事 実 の 別）	請求 期 日	意 見 期 日	内 容	結 果 期 日	内 容	取調順序	備 考 編てつ箇所
6 犯歴 〔(巡)○○○○ 24.5.15〕 犯罪歴関係 ( )							
7 報 〔(事)○○○○ 24.7.9〕 上記の調査結果 ( )							
8 前科 〔(事)○○○○ 24.5.17〕 前科関係 ( )							
9 判 〔○○○○ 23.12.12〕 前科の内容 ( )							
〔 〕 ( )							

（被告人 ○ ○ ○ ○ ）

請求者等　弁　護　人					平成　24　年（ろ）第　○○○　号			

証 拠 等 関 係 カ ー ド　　（No. 1 ）

（このカードは，公判期日，公判前整理手続期日又は期日間整理手続期日においてされた事項については，各期日の調書と一体となるものである。）

番号　標　　目〔供述者・作成年月日・住居・尋問時間等〕立 証 趣 旨（公 訴 事 実 の 別）	請求期日	意　見		結　果		取調順序	備　考編てつ箇所
		期日	内　容	期日	内　容		
1　　上〔（被）　　　　24.5.21〕情状（　　　　　　　　）							
2　　上〔○○○○　　　24.6.18〕情状（　　　　　　　　）							
3　　住民票写し〔世田谷区長　　24.7.6〕情状（　　　　　　　　）							
4　　診〔医師○○○○　24.7.6〕情状（　　　　　　　　）							
5　　証人○○○○（在廷）〔　　　　　　　〕情状（　　　　　　　　）							

（被告人○○○○　）

（被告人一名用）

> 　第322条〔被告人の供述書面〕及び第324条第1項〔被告人の供述を内容とする他人の供述〕の規定により証拠とすることができる被告人の供述が自白である場合には，犯罪事実に関する他の証拠が取り調べられた後でなければ，その取調を請求することはできない。　　　　　　　　　　（法301条）

(3)　自白と証拠調べの請求の制限

　　争いのない事件の場合，検察官が，甲号証と乙号証の取調べ請求を，同時にすることが多い。法301条は，取調べ請求の順序を定めたものではなく，取調べの順序を定めたものであるから，自白調書等よりも前に甲号証が取り調べられれば，同条に違反しない。

【判例⑫】被告人の供述書（自白）よりも前に犯罪事実に関する他の証拠が取り調べられている限り，右供述書の取調請求が他の証拠の取調請求と一括してなされていても，本条に違反しない。自白の取調べ時期は，犯罪事実に関する他のすべての証拠が取り調べられた後という意味ではなく，自白を補強しうる証拠が取り調べられた後であれば足りる。（最2小決昭26・6・1刑集5巻7号1232頁，判タ13号66頁）

(4)　立証趣旨の明示

　　立証趣旨とは，証拠によって証明すべき事実である。

> 　証拠調の請求は，証拠と証明すべき事実との関係を具体的に明示して，これをしなければならない。　　　　　　　　　（規則189条1項）
> 　裁判所は，必要と認めるときは，証拠調の請求をする者に対し，前2項に定める事項を明らかにする書面の提出を命ずることができる。
> 　　　　　　　　　　　　　　　　　　　　　　　　　　　（同条3項）
> 　前各項の規定に違反してされた証拠調の請求は，これを却下することができる。　　　　　　　　　　　　　　　　　　　　（同条4項）

(5)　立証趣旨の拘束力

　　証拠の証明力は，必ずしも立証趣旨の範囲内に限られるわけではない。それを越えて明らかになった事実も，提出された証拠から導かれたものであれば，心証形成に用いることができる。その意味では，いわゆる**立証趣旨の拘**

束力はない。

　ただし，立証趣旨の拘束力の問題ではないが，後に述べるとおり（第2編第3章第2の2，129頁），併合罪の関係にある複数の公訴事実のうち，証拠等関係カードの立証趣旨欄の「公訴事実の別」において，一部の公訴事実（例えば本起訴の公訴事実）に限定して取り調べた証拠を，他の公訴事実（追起訴の公訴事実）の認定に用いることは許されない。

3　証拠意見

> 　前項の決定をするについては，証拠調の請求に基く場合には，相手方又はその弁護人の意見を，職権による場合には，検察官及び被告人又は弁護人の意見を聴かなければならない。　　　　　　　　　（規則190条2項）

　証拠意見を聴くのは，証拠調べの請求を採用するか却下するか，また職権による証拠調べをするかどうかを決するについて，参考とするためである。

4　同意書面

> 　検察官及び被告人が証拠とすることに同意した書面又は供述は，その書面が作成され又は供述のされたときの情況を考慮し相当と認めるときに限り，第321条乃至前条の規定にかかわらず，これを証拠とすることができる。　　　　　　　　　　　　　　　　　　　　　　　（法326条1項）

(1)　326条の機能

　実務上は，書証の証拠調べ請求があった場合には，まず相手方に同意の有無を確認し，同意があったものについては法326条の同意書面として採用し，同意がなかったものについてだけ，法321条以下の伝聞法則の例外規定の適用が問題となる。

(2)　同意の本質

　法326条の同意の本質については，反対尋問権放棄説と証拠能力付与説がある。

ア　反対尋問権放棄説（多数説）

　同意は，原供述者に対する反対尋問権の放棄であるとする。

イ　証拠能力付与説（実務）

　同意は，証拠能力を付与する当事者の訴訟行為であるとする。

実務は，証拠能力付与説によって運用されている。

【判例⑬】　麻薬の捜索差押手続が違法であっても，捜索差押調書および当該麻薬に対する鑑定書は，被告人および弁護人が証拠とすることに同意し異議なく適法な証拠調べを経たときは，証拠能力を有する。（最大判昭36・6・7刑集15巻6号915頁，判時261号5頁，判タ119号22頁）

　　　　法326条の同意の対象とならない証拠物，証人尋問等の証拠調べ請求については「異議がない」，「しかるべく」などの意見が述べられる。

(3)　一部不同意の書面

　　争いのない事件であっても，検察官請求の証拠について，弁護人から一部不同意の証拠意見が述べられることがある。乙号証のうち，起訴されていない余罪について被告人が自白をしている部分や逮捕直後に被告人が反省の態度を示さなかった部分等についてである。この場合の対処としては，次のような方法がある。

ア　検察官が，不同意部分の証拠調べ請求を撤回する。

イ　弁護人が，一部不同意の証拠意見を撤回し，同意はするが当該部分の信用性を争うとの証拠意見を述べて，法326条の同意書面として採用する。

ウ　弁護人が，一部不同意であるが任意性までは争わないと証拠意見を述べ，検察官が法322条1項（後記138頁）に基づき証拠調べを請求し，同条項で採用する。

5　証拠決定

> 証拠調又は証拠調の請求の却下は，決定でこれをしなければならない。
>
> 　　　　　　　　　　　　　　　　　　　　　　　　　　（規則190条1項）

　　証拠決定後，証拠調べ前に証拠調べ請求が撤回された場合は，取消決定をする必要はないとされている。

【判例⑭】　証拠決定後に証拠調べの請求が撤回されたときは，裁判所は取消決定をする必要はなく，また，検察官，被告人，弁護人の意見を聴く必要もない。（最1小判昭29・5・20刑集8巻5号706頁）

　　実務では，相手方の意見を聴いて取消決定をしているのが通例である。

6　証拠調べの施行

(1)　証拠書類の取調方法

> 　検察官，被告人又は弁護人の請求により，証拠書類の取調べをするについては，裁判長は，その取調べを請求した者にこれを朗読させなければならない。　　　　　　　　　　　　　　　　　（法305条1項本文）
> 　裁判長は，訴訟関係人の意見を聴き，相当と認めるときは，請求により証拠書類又は証拠物中書面の意義が証拠となるものの取調をするについての朗読に代えて，その取調を請求した者等にその要旨を告げさせ，又は自らこれを告げることができる。　　　（規則203条の2第1項）

　証拠書類は，書面の記載内容だけが証拠となる。

　証拠書類の取調方法は，原則として朗読であるが，場合によっては，朗読に代えて要旨の告知という方法をとることができる。実務上は，要旨の告知による場合が多い。

(2)　証拠物の取調方式

> 　検察官，被告人又は弁護人の請求により，証拠物の取調をするについては，裁判長は，請求をした者をしてこれを示させなければならない。
> 　　　　　　　　　　　　　　　　　　　　　　（法306条1項本文）

　証拠物とは，その物の存在及び状態が証拠となる物体をいう。

　証拠物の取調方式は，その物を示すこと，すなわち展示である。

(3)　証拠物たる書面

> 　証拠物中書面の意義が証拠となるものの取調をするについては，前条の規定による外，第305条の規定による。　　　　　　（法307条）

　証拠物たる書面とは，書面の記載内容のほかその存在及び状態も証拠となるものである。

　同一の書面であっても，立証趣旨との関係で，その記載内容のみが証拠となるときは証拠書類であり，存在及び状態も証拠となるときは証拠物たる書面に当たることになる。

　証拠物たる書面の取調方式は，朗読又は要旨の告知及び展示である。

(4)　証拠の提出

> 　証拠調を終つた証拠書類又は証拠物は，遅滞なくこれを裁判所に提出しなければならない。但し，裁判所の許可を得たときは，原本に代え，その謄本を提出することができる。　　　　　　　　（法310条）

　証拠調べが終わった証拠書類又は証拠物は，裁判所に提出される。一部不同意の証拠書類については，不同意部分に紙を貼る等して提出する方法と，同意部分を抄本にして提出する方法がある。

7　弁護人の証拠調べ請求

> 　被告人又は弁護人は，前項の請求が終つた後，事件の審判に必要と認める証拠の取調を請求することができる。　　　　　　（規則193条2項）

(1)　証拠書類等

証拠書類等の証拠調べの施行については前記6（51頁）のとおり

(2)　証人尋問

> 　裁判所は，この法律に特別の定のある場合を除いては，何人でも証人としてこれを尋問することができる。　　　　　　　　（法143条）
> 　証人に対しては，まず，その人違でないかどうかを取り調べなければならない。　　　　　　　　　　　　　　　　　　（規則115条）
> 　証人には，この法律に特別の定のある場合を除いて，宣誓をさせなければならない。　　　　　　　　　　　　　　　　（法154条）
> 　証人が正当な理由がなく宣誓又は証言を拒んだときは，決定で，10万円以下の過料に処し，かつ，その拒絶により生じた費用の賠償を命ずることができる。　　　　　　　　　　　　　　　　（法160条1項）

【宣誓書の例】

宣　　　　誓

良心に従って，真実を述べ，

何事も隠さず，偽りを述べない

ことを誓います。

証　人

【証人等カードの例】

証　人 鑑定人 通訳人　カード	令和　　年　　月　　日
氏　　　名	㊞
年　　　齢	昭和 平成　　　年　　月　　日生　　　歳
職　　　業	
住　　　居	
旅 費 日 当	請求する　　　　　　放棄する
事 件 番 号	令和　　年（ろ）第　　　　号
事　件　名	
被告人氏名	
備　　　考	

注　意
1　証人は召喚，在廷をとわず，このカードに記載のうえ，事務官に提出してください。
2　旅費日当を請求した場合には，旅費日当請求書作成上必要な書類ですし，旅費日当を放棄した場合には放棄書として記録に編てつされますので，正確に記載してください。

> 検察官，被告人又は弁護人は，証人の尋問に立ち会うことができる。
>
> （法157条1項）

　民事訴訟では，当事者の申し出た唯一の証拠は却下できないとする**唯一の証拠方法の法則**が判例上確立しているが，刑事訴訟では，唯一の証拠方法の法則の適用はない。

【判例⑮】被告人側から申請された証人が唯一の証人である場合においても，必ず取り調べなければならないというものではない。（東京高判昭31・2・2高刑集9巻1号65頁，判タ56号81頁）

　証人尋問の方法については第2編第3章第6の7（146頁）のとおり

8　職権証拠調べ

> 裁判所は，必要と認めるときは，職権で証拠調をすることができる。
>
> （法298条2項）

　裁判所の職権による証拠調べは，当事者の請求による証拠調べでは不十分な場合に，補充的に行われる。

【判例⑯】わが現行刑事訴訟法上，裁判所は，原則として，職権で証拠調べをしたり，または検察官に対して立証を促したりする義務はない。（最1小判昭33・2・13刑集12巻2号218頁，判時142号32頁）

　例外的に，裁判所が，被害弁償等に関する情状立証を促すことが相当な場合もある。

【判例⑰】前科のない被告人は，被害弁償の成否いかんによって，刑の執行が猶予されるか否かの岐路に立つことが多く，このような場合における情状立証の重要性は多言を要しないところである。かかる情状に関する事実は，もとより弁護人の主張立証にまつべきものであって，裁判所が率先して被害弁償を勧告し，その成行きを見極めなければならないものではないが，審理の過程において，被告人が被害弁償の意思あることを表明し，具体的にもその誠実性が認められるにもかかわらず，その点に関する弁護活動が不十分な場合には，補充的に裁判所が職権を発動し，弁済の成否ないしはその経過に関する立証を促し，その点についての審理を尽くすべきである。（最1小判昭52・12・22刑集31巻7号1147頁，判時890号117頁，判タ363号199頁）

9　被告人質問

> 　被告人は，終始沈黙し，又は個々の質問に対し，供述を拒むことができる。　　　　　　　　　　　　　　　　　　　　　　　　（法311条1項）
> 　被告人が任意に供述をする場合には，裁判長は，何時でも必要とする事項につき被告人の供述を求めることができる。　　　　　　　（同条2項）

　被告人質問の方式は，証人尋問の方式（規則199条の2以下，後記143頁）にならって行われることが多いが，狭義の証拠調べではないため，証拠調べの請求・決定等はなされず，宣誓手続もなされない。

第3　論告，弁論，最終陳述

1　論告・求刑

> 　証拠調が終つた後，検察官は，事実及び法律の適用について意見を陳述しなければならない。　　　　　　　　　　　　　　　　（法293条1項）
> 　裁判長は，必要と認めるときは，検察官，被告人又は弁護人の本質的な権利を害しない限り，これらの者が証拠調の後にする意見を陳述する時間を制限することができる。　　　　　　　　　　　　　　　（規則212条）

(1)　論告

　論告は，証拠調が終わった後に検察官が行う，事実及び法律の適用についての意見の陳述である。通常，公訴事実の認定，情状，適条，求刑の順序に区分して行われている。

(2)　求刑

　求刑は，科すべき刑罰の種類及び刑量についての検察官の意見である。

　求刑は，検察官の事件に対する評価を最も端的に示すものであり，論告の結論ともいうべきものである。求刑と情状についての陳述は，その内容が均衡のとれたものでなければならず，罪種などによって求刑を一律に定めることは困難であるが，要は，被告人の改善，更生及び社会秩序の維持にいかなる刑罰が最も効果的であるかによって決すべきである。求刑は，起訴時に決めておくことが多いが，審理の状況に照らし，論告に際して，更に検討されるべきものである。（検察講義案平成27年版151頁）

【論告要旨の例】

論　告　要　旨

（罪名）窃　盗　　　　　　　　　　　　　　　　（被告人）〇　〇　〇　〇

第1　事実関係

　　本件公訴事実は，当公判廷において取調べ済みの関係各証拠により，その証明は十分である。

第2　情状関係

1　執行猶予中の犯行

　　被告人は，本件犯行の約6か月前に執行猶予判決を受けており，現在，執行猶予中の身である。

　　社会内で更生する機会を与えられ，執行猶予中であることを認識していながら，安易に本件犯行に及んでいる状況から，被告人が裁判を軽視していることは明らかで，被告人にとって，執行猶予判決は，犯行を思い止まらせるだけの効果がなかったと言わざるを得ない。

2　常習性及び習癖性顕著

　　前科前歴関係や，本件においては前刑判決からわずか約6か月で抑制力を働かせることなく手慣れた手口で防犯ケーブルを取り外した上バッグ内に隠匿したり大胆に手に持ったまま店外に出て窃取したこと，被告人が「こそこそ袋に入れたりすると疑われるが堂々としていたら怪しまれない。」旨供述していること（乙2号証）などから，被告人の窃盗の常習性及び習癖性も顕著である。

3　規範意識なし

　　被告人は，前記のとおり，前刑で執行猶予判決を受け，自らの罪の重さや反省の機会を与えられ，「次にやったら刑務所に入ることは分かっている。もう二度としない。」旨誓約していながら（乙4号証），今回，また自らの欲求の赴くまま安易に犯行に及んでおり，その規範意識は欠如しているとしか言いようがない。

4　動機・経緯等に酌むべき点なし

　　被告人は，犯行状況等については記憶が欠落している旨供述し，詳細な動機は供述していないものの，当日は，お金を用意しなければならない状況であったこと，同種人気商品を2個万引きしたこと，以前にも換金目的の万引きを多数回行っていることなどから，換金目的であったことは明らかであり，短絡的，利欲的かつ自己中心的であって，酌むべき点はない。

5　再犯必至

前記のとおり，被告人には規範意識の欠如及び窃盗の習癖性が認められる。また，前刑時と監督環境に特段の変化はなく，前刑以降の経緯から妻や義母に適切な監督は期待しがたい。かかる被告人が再犯に及ぶ可能性は極めて高い。

6　被害者厳罰希望

被害品は被害店に還付済みである。しかし，それは，店員が被告人の犯行を目撃し機敏な動きで被告人を現行犯逮捕したことに起因するものであり，過大に評価すべきではない。被害店関係者の処罰感情は厳しい（甲3号証）。

7　情状に特に酌量すべきものがないこと

本件が故意犯であり前刑と同種の犯行であること，執行猶予期間3年間の内の，判決確定から約5か月しか経過していない時点での犯行であること，前記のとおり経緯・動機に酌むべき事情がないこと，健康上特段の問題はなく，前刑と異なる監督環境が整備されたとは認められないことなどに鑑みれば再度の執行猶予を付すのは相当でない。

8　小括

前記事情からすると，被告人の窃盗の習癖性を改善し，被告人をして遵法精神・規範意識を覚醒させ，更生の道を歩ませるためには，被告人を相当期間，矯正施設に収容して徹底した矯正教育を施すことが必要不可欠である。

第3　求刑

以上，諸事情を考慮し，相当法条適用の上，被告人を

懲役2年の実刑

に処するのが相当である。

2　弁論

> 被告人及び弁護人は，意見を陳述することができる。　　（法293条2項）

　　弁論の目的は，訴訟活動の結果を集約し，防御活動の総括として，裁判所に対し証拠に基づく事件の真相と適切な法律判断について解明して，被告人に有利な判決を求めることにある。執行猶予の要件がないのにこれを求めるなど法律上許されない判決を求めるのは論外であるが，自由闊達に論じ，かつ主張すべきである。証拠調べ段階における弁護活動そのものが，すでに将来の弁論の構成を目的意識においたうえでなされているべきものである。（「実務刑事弁護」356頁，北山六郎監修，三省堂）

　　ただし，事件に無関係な事柄や，法廷で取り調べられていない資料に基づく陳述は許されない。

　　法律上執行猶予の要件がないのに（懲役刑の執行終了日から5年以内の場合〔刑法25条1項2号〕等），弁護人が執行猶予を求める弁論をした場合は，弁護人に指摘をして，再考を促すことが相当であろう。

3　被告人の最終陳述

　　事実に対する評価，心境，情状に関する意見が述べられることが多い。

4　弁論の再開

> 　　裁判所は，適当と認めるときは，検察官，被告人若しくは弁護人の請求により又は職権で，決定を以て，弁論を分離し若しくは併合し，又は終結した弁論を再開することができる。　　　　　　　　　　（法313条1項）

　　争いのない事件において，弁論が再開される例として，被害弁償ができたり被害者との間で示談が成立したりした場合に，弁護人からの請求によるものが多い。

　　再開後は，証拠調べ等を行った上で，論告・求刑，弁論，被告人の最終陳述をもう一度行い，結審することになる。

第4　判決宣告

シナリオⅡ
（判決宣告）

裁判官　それでは開廷いたします。被告人は，証言台の前に立ってください。

○○○○ですね。それでは，これから被告人に対する窃盗被告事件について判決の宣告をします。

主文　被告人を懲役○年○月に処する。

未決勾留日数中○○日をその刑に算入する。

罪となるべき事実は，起訴状記載の公訴事実と同一の事実を認定しました。

証拠の標目については，被告人の当公判廷における供述，被害届ほか当公判廷で適法に取り調べられた関係各証拠によって，罪となるべき事実を認めました。

法令の適用は，刑法２３５条その他相当法条を適用し，訴訟費用を被告人に負担させないことについては刑事訴訟法１８１条１項ただし書を適用しました。

量刑の理由は……。

最後になりますが，この判決に対し不服があれば控訴の申立てをすることができます。その場合には，○○高等裁判所あての控訴申立書を作って，今日から１４日以内に，この裁判所に提出してください。

以上で判決の宣告を終了します。閉廷します。

1　判決宣告

(1)　朗読・要旨の告知

> 　有罪の言渡をするには，罪となるべき事実，証拠の標目及び法令の適用を示さなければならない。　　　　　　　　　　　　（法335条1項）
>
> 　判決の宣告をするには，主文及び理由を朗読し，又は主文の朗読と同時に理由の要旨を告げなければならない。　　　　　　　（規則35条2項）

　判決の宣告においては，主文の朗読は必要的であるが，理由はその要旨を告げることでも足りる。

【判例⑱】有罪判決の宣告に際し，主文と罪となるべき事実を朗読し，証拠の標目については「被告人らの当公判廷における供述ほか関係各証拠によって認める」旨を，法令の適用については「相当法条適用の上云々」と告げているときは，理由の要旨の告知として欠けるところはない。（東京高判平元・1・25東高刑時報40巻1～4号2頁，判時1318号151頁）

(2)　上訴期間等の告知

> 　有罪の判決の宣告をする場合には，被告人に対し，上訴期間及び上訴申立書を差し出すべき裁判所を告知しなければならない。　（規則220条）

【判例⑲】判決宣告の際，上訴期間の告知をしなかったとしても，判決宣告の効力に影響はない。（札幌高判昭26・6・28高刑集4巻7号762頁）

(3)　訓戒

> 　裁判長は，判決の宣告をした後，被告人に対し，その将来について適当な訓戒をすることができる。　　　　　　　　　　　　（規則221条）

(4)　弁護人の立会

　必要的弁護事件であっても，判決言渡期日には弁護人の立会いは必要でない。

【判例⑳】必要的弁護事件であっても，判決宣告のためにのみ開く公判廷には，

必ずしも弁護人が立会うことを要するものではない。（最 3 小判昭
30・1・11刑集 9 巻 1 号 8 頁，判タ47号51頁）

2　判決の言直し

【判例㉑】判決の宣告にあたり，裁判長が主文の刑を懲役 1 年 6 月と朗読すべき
　　　　ところを誤って懲役 1 年 2 月と朗読し，理由の要旨を告げ上訴期間等の
　　　　告知を行い，席を立ちかけたところ，弁護人から質問があったので，即
　　　　座にその場で懲役 1 年 6 月と主文の刑を朗読し直した場合，被告人に
　　　　対する宣告刑は懲役 1 年 6 月としてその効力を生ずる。（最 1 小判昭
　　　　47・6・15刑集26巻 5 号341頁，判時674号112頁，判タ279号275頁）

【判例㉒】判決は，宣告のための公判期日が終了して初めて当の裁判所によって
　　　　も変更することができない状態となる。保護観察付き刑の執行猶予の判
　　　　決を宣告した後，その公判期日内に内容を変更して実刑の判決を宣告す
　　　　ることは許される。（最 1 小判昭51・11・4 刑集30巻10号1887頁，判時
　　　　833号19頁，判タ344号311頁）

【判例㉓】一審裁判官が，判決宣告期日として指定告知された日時に，検察官の
　　　　出席がない法廷で，判決を宣告した上，被告人の退廷を許し，被告人が
　　　　法廷外に出た後，勾留場所に戻った被告人を呼び戻して検察官出席の上
　　　　で再度行われた判決の宣告は，法的な効果を有しない。（最 2 小決平
　　　　19・6・19刑集61巻 4 号369頁，判時1977号159頁，判タ1248号127頁）

3　禁錮以上の刑の宣告と保釈の失効
（1）　保釈の失効

> 禁錮以上の刑に処する判決の宣告があつたときは，保釈又は勾留の執
> 行停止は，その効力を失う。この場合には，あらたに保釈又は勾留の執
> 行停止の決定がないときに限り，第98条の規定を準用する。（法343条）

　　保釈又は勾留の執行停止により身柄の拘束を解かれていた被告人につい
て，禁錮以上の刑に処する判決の宣告があったときは，再び身柄が拘束され
ることになる。
（2）　収容手続

> 　保釈若しくは勾留の執行停止を取り消す決定があつたとき，又は勾留の執行停止の期間が満了したときは，検察事務官，司法警察職員又は刑事施設職員は，検察官の指揮により，勾留状の謄本及び保釈若しくは勾留の執行停止を取り消す決定の謄本又は期間を指定した勾留の執行停止の決定の謄本を被告人に示してこれを刑事施設に収容しなければならない。　　　　　　　　　　　　　　　　　　　　　　　　　（法98条1項）

第5章　判決書

> 　裁判書には，特別の定のある場合を除いては，裁判を受ける者の氏名，年齢，職業及び住居を記載しなければならない。裁判を受ける者が法人（法人でない社団，財団又は団体を含む。以下同じ。）であるときは，その名称及び事務所を記載しなければならない。　　　　（規則56条1項）

第1　被告人の表示

1　氏名

　原則として戸籍上の氏名を表示すべきである。戸籍謄本，身上調査照会回答書等の記載に留意する。

2　外国人の氏名

(1)　裁判所の慣例

　外国人の場合は，片仮名で表示するが，ローマ字等の表記を付記する例もある。外国人で日本名を持っている者については，「何某こと」と記載するのが慣例である。（起案の手引7頁）

(2)　検察庁の従来の取扱

　外国人であって氏名に漢字を用いているものは，漢字で，その他の外国人は，言語の発音にできるだけ近い片仮名で，それぞれ氏名を表示する（検察講義案平成12年版107頁）。外国人の氏名についても，裁判所の慣例にあわせて片仮名で表示する（又は併記する）起訴状の取扱もなされている。

(3)　氏名の順序

　東京地方裁判所においては，欧米人等の外国人で旅券がある場合は，氏名の順番は名（first name），姓（last name,family name）の順で記載する取扱いになっている。

3　本籍，住居

　住居，職業等の身上事項は，被告人の特定のためのものであり，証拠で認定しなくてもよいとされている。

【判例㉔】判決書に記載すべき被告人の住居は，被告人を特定する事項に止まり，罪となるべき事実ではないから，証拠調べをした証拠により認定する必要はなく，記録その他について適宜取調べの上認定すれば足りる。（最1小判昭23・11・25刑集2巻12号1647頁）

4　職業

　必ずしも狭義の意味の職業ではなく，学生，主婦など社会生活上の地位，身分を表すものを記載することもある。

　違法な行為や社会的に職業と認められていない行為によって生計を立てている者については，無職と記載する。

第2　主文

1　主刑

　「被告人を懲役〇年に処する。」

　「被告人を罰金〇万円に処する。」

　45条後段の併合罪で主文2つの場合（92頁）

　「被告人を判示第1の罪について懲役〇年に，判示第2の罪について懲役〇年に処する。」

2　未決勾留日数の本刑算入（刑法21条）

　「未決勾留日数中〇〇日をその刑に算入する。」

(1)　算入可能な日数

　　刑法21条により本刑に算入することができる未決勾留日数は，勾留の初日（勾留状執行の日）から判決言渡しの日の前日までの現実に拘禁された日数であり，起訴前の勾留期間を含む。

【判例㉕】逮捕に引き続いて勾留の請求がなされ，その請求の翌日以降に勾留状が発せられその執行がなされた場合，刑法21条によって算入の対象となる未決勾留日数は，勾留状の執行がなされた日からこれを起算すべきである。（最1小判昭43・7・11刑集22巻7号646頁，判時526号88頁，判タ225号158頁）

　満つるまで算入（68頁）の場合には，勾留の初日から起算して（審理に必要な期間を控除することなく）算入するのが通例である。

(2)　他刑の執行と競合する場合

　　勾留中に，前刑の残刑執行や罰金未納による労役場留置の執行が行われている場合は，その執行と競合する未決勾留日数を，本刑に算入することはできない。

【判例㉖】すでに別罪によって自由刑の執行を受けている者が，同時に他の犯罪で勾留されても，その日数を本刑に算入することはできない。（最大判昭32・12・25刑集11巻14号3377頁）

　　算入した場合は，**過算入**（算入可能な未決勾留日数を超える日数を算入した場合）となり，違法となる。

　　他刑の執行が行われる場合，検察庁から残刑執行通知書や労役場留置執行指揮通知書が送付されてくるので，速やかに把握しておくことが重要である。

(3)　算入基準

　ア　**全部算入説**

　　　法律上算入可能な未決勾留日数を全て算入すべきであるとする。

　イ　**一部算入説**

　　　当該事件の捜査，審理に通常必要な期間の勾留は被告人が罪を犯したことに起因するやむを得ないものとして被告人の負担とし，それを越える期間の勾留日数を算入すべきであるとする。

　　　現在の実務の大勢は，一部算入説で運用されている。

　ウ　司法研修所方式

　　　一部算入説に基づく具体的な運用の方式である。

　　　起訴後の算入可能な未決勾留日数のうち，審理に必要な合理的期間を控除した日数を10日単位（10日未満の端数が出た場合に四捨五入，切り上げ又は切り下げにより端数処理を行う。）で算入する。

　　　控除すべき日数（審理に必要な合理的期間）は，起訴日から第1回公判期日までの30日及びそれ以降の各期日（判決宣告期日を含む。）ごとに原則10日であるが，期日間の日数が10日に満たないときはその日数である。

　　　通常，公判期日の審理を行うための準備期間として，第1回公判期日までに30日，それ以降の期日までに各10日程度（判決宣告期日については判決作成の期間）は必要であると考えられるため，これらの期間は算入しない。

司法研修所方式による計算式

> 起訴後の算入可能な未決勾留日数 − ｛30+10×（公判期日の回数− 1 ）｝

　この司法研修所方式は，合議事件を念頭においたものであるから，単独事件や簡易裁判所の事件では（公判期日までの必要日数が短いので），この方式よりも10日多く未決を算入してよいとする考え方もある。

> 起訴後の算入可能な未決勾留日数 − ｛20+10×（公判期日の回数− 1 ）｝

【判例㉗】未決勾留日数の算入について，算入，不算入が著しく妥当性を欠く場合には量刑不当となるが，わずかな差異にすぎないときには量刑不当とまではいえない。（東京高判平 7 ・ 6 ・26高検速報平成 7 年72頁，判時1551号138頁）

(4)　**満つるまで算入**
　ア　罰金刑
　(ア)　未決勾留日数が満つる場合
　　　「被告人を罰金20万円に処する。」
　　　「未決勾留日数のうち，その 1 日を金5000円に換算してその罰金額に満つるまでの分を，その刑に算入する。」
　　　未決勾留日数が満つる場合には，労役場留置の言渡しをすることを要しない。
　(イ)　未決勾留日数の算入後に残余の罰金がある場合
　　　「被告人を罰金30万円に処する。」
　　　「未決勾留日数中50日を，その 1 日を金5000円に換算して，その刑に算入する。」
　　　「上記算入後の残余の罰金を完納することができないときは，金5000円を 1 日に換算した期間被告人を労役場に留置する。」
　イ　懲役刑
　　　「被告人を懲役10月に処する。」
　　　「未決勾留日数中，その刑期に満つるまでの分をその刑に算入する。」

3　労役場留置（刑法18条）

(1)　端数の出ない場合

　　「その罰金を完納することができないときは，金5000円を1日に換算した期間被告人を労役場に留置する。」

(2)　端数の出る場合

　　「その罰金を完納することができないときは，金5000円を1日に換算した期間（端数は1日に換算する。）被告人を労役場に留置する。」

4　刑の執行猶予

(1)　**刑の全部の執行猶予**（刑法25条）

　　「この裁判が確定した日から3年間その刑の執行を猶予する。」

　　「この裁判が確定した日から3年間その刑の全部の執行を猶予する。」

(2)　**刑の一部の執行猶予**（刑法27条の2）

　　「その刑の一部である懲役6月の執行を2年間猶予する。」

　　「その刑のうち懲役6月の執行を2年間猶予する。」

5　保護観察

(1)　刑の全部の執行猶予（刑法25条の2）

　　「被告人をその猶予の期間中保護観察に付する。」

(2)　刑の一部の執行猶予（刑法27条の3）

　　「その刑の一部である懲役6月の執行を2年間猶予し，その猶予の期間中被告人を保護観察に付する。」

　司法統計年報によれば，平成29年に，簡易裁判所において，初度の執行猶予（2858人）に裁量的保護観察が付された割合は，約7.1パーセント（202人）である。

　再度の執行猶予は，「情状に特に酌量すべきものがあるとき」に例外的に認められるが（後記97頁），初度の執行猶予で保護観察に付した場合には，執行猶予期間内に犯した罪において，再度の執行猶予の余地は全くなくなる。

6　没収

(1)　裁判所が押収している場合

　　「押収してある登山ナイフ1本（平成〇〇年押第〇〇号の1）を没収する。」

　　裁判所の押収番号を記載する。

(2)　裁判所が押収していない場合

　　ア　検察庁で保管中の場合

　　　「東京地方検察庁で保管中のカッターナイフ1本（平成○○年東地領第○○号の1）を没収する。」

　　　検察庁の領置番号を記載する。

　　イ　警察で保管中の場合

　　　「警視庁○○警察署で保管中の切出しナイフ1本（平成○○年東地庁外領第○○号の1）を没収する。」

7　追徴

　「被告人から金10万円を追徴する。」

8　仮納付（法348条）

　「被告人に対し，仮にその罰金に相当する金額を納付すべきことを命ずる。」

【判例㉘】刑事訴訟法第348条による仮納付の裁判は，債権者の単なる財産権上の請求を確保する立前から判決の未確定前にその執行を許す民事手続における所謂仮執行の宣言とは異なり，その実，科刑の執行であって，被告人の名誉に関するところが極めて多大であるから，たやすくはその措置に出ずべきではない。このことは右規定の文理に照らしても亦洵に明白である。（東京高判昭26・5・21高判特21号97頁）

【判例㉙】原判決のなした罰金刑につき，刑訴法348条1項の仮納付を命ずべき事情は見出し難いとして，判決に影響を及ぼすことの明らかな訴訟手続の法令違反があり，破棄を免れないとした事例。（東京高判昭58・8・1東高刑時報34巻7～8号51頁）

9　訴訟費用の負担（法181条）

(1)　負担させる場合

　「訴訟費用は被告人の負担とする。」

(2)　負担させない場合

　被告人に訴訟費用を負担させない場合には，そのことを主文に出さないのが通例である。法令の適用の末尾にその旨を記載しておく。（後記99頁）

(3)　訴訟費用

　　刑事訴訟費用等に関する法律（昭和46年法律第41号）で，証人等に支給する旅費，国選弁護人の報酬等が訴訟費用とされている（2条）。

　　実務では，実刑判決の場合は，特段の資産でもない限り，訴訟費用の負担を免除される例が少なくなく，執行猶予の判決の場合でも，特段の資産もなく，定職を有しているがさほど高い給料を得ている訳でもないといった者については，訴訟費用を負担させない例もしばしば見受けられる。ただ，私選弁護人が選任されている場合は，訴訟費用が証人の旅費，日当等比較的少額にとどまっていることが多いこともあって，多くの場合被告人に訴訟費用を負担させている。（大コン刑訴第3巻446頁）

> 裁判には，理由を附しなければならない。　　　　　　（法44条1項）

第3　事実

1　罪となるべき事実の摘示（法335条1項）

　罪となるべき事実とは，証拠により認定された，犯罪構成要件に該当し，かつ，違法・有責な具体的犯罪事実である。

2　摘示すべき事実（起案の手引24頁）

(1)　罪となるべき事実に含まれる事実

　　犯罪構成要件該当事実（犯罪の主体，犯罪の客体，犯罪行為，犯罪の結果，主観的構成要件要素として故意・過失），犯罪構成要件の修正形式に該当する事実（未遂，共犯）及び処罰条件事実である。

　　だれが（Who，被告人が），いつ（When，犯罪の日時），どこで（Where，犯罪の場所），だれに（Whom，被害者），何をした（What，犯罪の結果）かは，**5何の原則**（5Wの原則）といわれる。

(2)　罪となるべき事実に含まれない事実

　　犯罪構成要件該当事実の特定要素，罪数関係，刑の加重減免事由等は，罪となるべき事実には含まれない。

　　犯罪の日時，場所は，次の(3)で述べるように，犯罪事実の特定要素として記載されることになる。

【判例㉚】犯罪の日時は，いわゆる「罪となるべき事実」そのものではなく，単に犯行の情況またはその同一性を示すべき事項たるにすぎない。

（最1小判昭24・4・14刑集3巻4号547頁）

(3)　罪となるべき事実の特定

　　罪となるべき事実は，どの犯罪の構成要件に該当するかが判定できるように具体的に特定されなければならない。また，訴因の場合（前記25頁）と同様に，できる限り日時，場所及び方法をもって特定しなければならない。

【判例㉛】有罪判決における「罪となるべき事実」の判示としては，犯罪の日時，場所，方法なども，原則として示すべきであり，その犯罪が他の犯罪から区別できる程度に具体的かつ明白に示すことが必要である。

（最1小判昭24・2・10刑集3巻2号155頁）

ア　犯罪の日時，場所

　　犯罪の日時，場所は，罪となるべき事実そのものではなく，訴因を特定するためのもの（法256条3項，前記25頁）である。

　　「犯罪の日時，場所及び方法は，これらの事項が，犯罪を構成する要素になっている場合を除き，本来は，罪となるべき事実そのものではなく，ただ訴因を特定する一手段として，できる限り具体的に表示すべきことを要請されている。」（最大判昭37・11・28前出【判例①】，25頁）

イ　犯罪の動機

　　犯罪の動機は，罪となるべき事実には当たらない。

　　犯罪の動機については，犯情として重要な意義を有するものについては，これを記載すべきである。（起案の手引25頁）

3　併合罪，科刑上一罪の場合

　　併合罪の場合には，各個の犯罪事実ごとに，第1，第2というように番号を付け，かつ，行を改め，科刑上の一罪の場合には，そのようにせずに各事実を続けて摘示するのが通例である。（起案の手引27頁）

　　起訴状についても，概ね同様の記載方法がとられている（検察講義案平成27年版75頁）。起訴状に別表が添付されているときは，併合罪であることが多いが，科刑上一罪又は包括一罪の場合もあるので，注意しなければならない。

第 4 証拠

1 事実認定
(1) 事実認定の原理

ア **証拠裁判主義**

> 事実の認定は，証拠による。 （法317条）

犯罪事実の認定は，証拠に基づくものでなければならない。

イ **自由心証主義**

> 証拠の証明力は，裁判官の自由な判断に委ねる。 （法318条）

証拠の証明力の判断は，裁判官の自由裁量に委ねられている。

(2) 事実認定に用いる証拠
証拠能力につき第 2 編第 2 章第 3 の 1 （120頁）のとおり
証拠能力があるというためには，次の 3 要件が必要とされている。

ア 証拠と要証事実との間に**自然的関連性**があること。
（要証事実に対して必要最小限の証明力を有していること）

イ 証拠と要証事実との間に**法律的関連性**があること。
（誤った心証を形成させるおそれがないこと）
伝聞法則に従うことなどがこれに属する。

ウ 証拠禁止にあたらないこと。

(3) 証明の程度

ア **高度の蓋然性**

【判例㉜】 刑事裁判において「犯罪の証明がある」ということは「高度の蓋然性」が認められる場合をいうものと解される。「高度の蓋然性」とは，反対事実の存在の可能性を許さないほどの確実性を志向した上での「犯罪の証明は十分」であるという確信的な判断に基づくものでなければならない。（最 1 小判昭48・12・13裁判集刑190号781頁，判時725号104頁）

イ **合理的な疑いを超える証明**
有罪認定に必要とされる立証の程度としての「合理的な疑いを差し挟む余地がない」の意義については，次の判例がある。

【判例㉝】有罪認定に必要とされる立証の程度としての「合理的な疑いを差し挟む余地がない」というのは，反対事実が存在する疑いを全く残さない場合をいうものではなく，抽象的な可能性としては反対事実が存在するとの疑いをいれる余地があっても，健全な社会常識に照らしてその疑いに合理性がないと一般的に判断される場合には有罪認定を可能とする趣旨である。有罪認定に必要とされる立証の程度としての「合理的な疑いを差し挟む余地がない」の意義は，直接証拠によって事実認定をすべき場合と情況証拠によって事実認定をすべき場合とで異ならない。（最1小決平19・10・16刑集61巻7号677頁，判時1988号159頁，判タ1253号118頁）

　ウ　情況証拠による事実認定

　　　情況証拠による事実認定にあたって，推認過程に誤りが入り得る危険性を踏まえて，積極立証が合理的な疑いをいれない程度に達しているかどうかの確実性テスト（被告人が犯人でないとしても合理的に説明し得る余地はないか）を行うべき必要性を指摘した，次の事例判例がある。

【判例㉞】刑事裁判における有罪の認定に当たっては，合理的な疑いを差し挟む余地のない程度の立証が必要であるところ，情況証拠によって事実認定をすべき場合であっても，直接証拠によって事実認定をする場合と比べて立証の程度に差があるわけではないが（最高裁平成19年（あ）第398号同年10月16日第一小法廷決定・刑集61巻7号677頁参照），直接証拠がないのであるから，情況証拠によって認められる間接事実中に，被告人が犯人でないとしたならば合理的に説明することができない（あるいは，少なくとも説明が極めて困難である）事実関係が含まれていることを要するものというべきである。（最3小判平22・4・27刑集64巻3号233頁，判時2080号135頁，判タ1326号137頁）

　　　本判決の上記説示は，被告人の有罪方向を示す多数の情況証拠がある場合に，ややもすれば，「被告人が犯人であるとすればこれらの情況証拠が合理的に説明できる」ということのみで有罪の心証を固めてしまうおそれがあることに対し，上記のような観点から警鐘を鳴らそうとしたものであって，有罪の立証レベルや判断方法の基準として新たなものを打ち出そうとしたものではないと理解すべきであろう（判例解説平成22

年度79頁）。

エ　消去法による事実認定

情況証拠による事実認定の場合，消去法ないしこれに類似した観点から推認する方法によって犯人の特定その他の事実の認定が行われるときがある。（実践的認定86頁）

後記【判決書例４】（180頁）は，判示第２の事実の犯人について，消去法による事実認定の方法も加えて，被告人が犯人であることを認定している。

(4)　事実認定の方法

的確な事実認定を行うためには，次の２つが重要であり，これらを繰り返して事実認定を行うべきである。

ア　**証拠の分析的検討**

個々の証拠や間接事実の推認力を検討するものである。「木を見ること」

イ　**証拠の総合的評価**

分析的検討を踏まえて，全ての証拠や間接事実を総合的に評価して特定の事実の存否を判断するものである。「森を見ること」

分析的検討に重点を置きすぎると，全体的な視点からの検討を欠く結果になり，「木を見て森を見ない」ことになるので注意が必要である。

【判例㉟】同一事実に関する多数の証拠のうち一部において相互に抵触する点があっても，論理の法則又は実験則に反しない限り自由心証により，その全部を総合して事実を認定しても差支えない。（最１小判昭24・２・24刑集３巻２号238頁）

(5)　証拠の標目

ア　挙示すべき証拠の範囲

挙示すべき証拠は，罪となるべき事実を認めるのに必要かつ十分な限度のもので足り，直接・間接に心証形成に役立ったもののすべてを示す必要はない。

自白事件であっても，補強証拠が必要であるから，これを落とさないように注意しなければならない。（起案の手引35頁）

基礎となる証拠（例えば，犯行状況を写した防犯ビデオテープ）が，それから派生して作成された証拠（例えば，当該ビデオテープに基づい

て作成された写真を添付した捜査報告書）と共に取り調べられている場合には，特段の理由がなければ，基礎となる証拠を挙げるのが相当である。（「刑事の裁判に関するワンポイントアドヴァイス集」85頁，植村立郎，判タ1345号）

　イ　証拠の特定

　　　証拠の特定方法としては，作成日付等による方法と証拠等関係カード記載の請求番号により特定する方法があるが，実務では後者が普及しているようである。

　ウ　併合罪の場合

　　　数個の犯罪事実が併合罪の関係にある場合には，各犯罪事実ごとに区別して証拠を挙示する。

　　　併合罪の関係にある数個の犯罪事実のうち，一部の犯罪事実に限定して取り調べた証拠を，立証趣旨の追加等の手続をとらないまま，他の犯罪事実の証拠として挙示してはならない。（第2編第3章第2の2，129頁）

　エ　一部不同意の場合

　　　一部不同意の書面で，不同意部分が撤回されている場合には，不同意部分を除外することを記載しておかなければならない。

　　　「司法警察員作成の実況見分調書（甲7，不同意部分を除く。）」

　オ　謄本や写しを取り調べた場合

　　　書類の謄本・抄本又は写し自体が証拠として取り調べられた場合は，原本が取り調べられて謄本等が記録につづられている場合と異なり，証拠の標目としても「……書の謄本」，「……書（謄本）」などというように正確に表示しなければならない。（起案の手引42頁）

　　　「司法警察員作成の写真撮影報告書（甲8，謄本）」

2　補強証拠の必要な範囲

(1)　補強法則

　　　被告人を有罪とするには，自白のほかに補強証拠を必要とする。自白しか証拠がない場合は有罪となし得ないことを**補強法則**という。

> 　被告人は，公判廷における自白であると否とを問わず，その自白が自己に不利益な唯一の証拠である場合には，有罪とされない。
>
> （法319条 2 項）
>
> 　前 2 項の自白には，起訴された犯罪について有罪であることを自認する場合を含む。　　　　　　　　　　　　　　　　　　　（同条 3 項）

(2)　構成要件要素

　　刑罰法規に定められた構成要件の内容となっている要素を，**構成要件要素**という。

　ア　**客観的構成要件要素**

　　　構成要件要素のうち，その存在が外見上認識しうる要素である。主体，客体，行為，結果，行為と結果との因果関係などがこれにあたる。

　イ　**主観的構成要件要素**

　　　構成要件要素のうち，行為者の内心にかかるもので，その存在が外見上認識できない要素である。故意，過失，目的などがこれにあたる。

(3)　補強証拠の必要な範囲

　　構成要件要素に対応して，構成要件該当事実である犯罪事実は，実行行為，結果，因果関係などの客観的な事実（**罪体**）と，故意，過失，目的などの主観的な事実に大別される。

　ア　**罪体説**（形式説・通説）

　　　犯罪事実のうち，罪体について補強証拠を必要とするとの考え方である。

　イ　**実質説**（判例）

　　　自白にかかる事実の真実性を担保するに足りるものであればよいとする。

【判例㊱㊲】自白を補強すべき証拠は，必ずしも自白にかかる犯罪組成事実の全部にわたってもれなくこれを裏付けするものでなければならぬことはなく，自白にかかる事実の真実性を保障し得るものであれば足りる。

　　　（最 2 小判昭23・10・30刑集 2 巻11号1427頁，最 3 小判昭25・10・10刑集 4 巻10号1959頁）

(4)　補強証拠の適格性

　　補強証拠は，自白以外の証拠で，自白から実質的に独立した証拠でなけれ

ばならない。

【判例㊳】互いに補強証拠を要する同一被告人の供述をいくら集めてみたところ
で，所詮有罪を認定するわけにはいかない。（最大判昭25・7・12刑
集4巻7号1298頁）

3 補強証拠の具体例

簡易裁判所の公判事件で比較的多くみられる罪につき，判例上確立されてい
る補強証拠の例をみてみよう。

(1) 窃盗罪

被害届

窃盗罪の場合，被害届1通のみで，罪体についての補強証拠として十分で
ある場合がある。被害者が，被害品目や被害額等について，追加被害届や警
察官調書等で被害届の内容を訂正している場合には，これらの証拠も，補強
証拠として欠かせないものである。

【判例㊴】原判決は被告人の自白のみならず被害届をも証拠として挙示してい
る。補強証拠は必ずしも犯人が被告人であることまでも明かにしたもの
でなければならないものではない。（最3小判昭24・7・12裁判集刑12
号405頁）

【判例㊵】犯人自ら当該物件を盗んだことを認めているのであるから，盗難に
あったことは間違いないと思う旨の記載がある被害顛末書でも，それ
に詳記されている被害物件の保管場所，保管者，保管状況等によって
は，その補強証拠としての価値を認めて差し支えない。（最1小決昭
32・5・23刑集11巻5号1531頁）

(2) 無免許運転の罪

現認報告書等（運転行為）

免許照会回答書（運転免許を受けていなかったこと）

【判例㊶】道路交通法違反の無免許運転の罪の犯罪事実を認定するにあたって
は，運転行為のみならず，運転免許を受けていなかったという事実に
ついても，被告人の自白のほかに補強証拠の存在することを要する。

　　（最 1 小判昭42・12・21刑集21巻10号1476頁，判時505号19頁，判タ216
　　号114頁）

　　　無免許運転罪では，「免許なしで運転が行われた」という事実がいわ
　　ゆる罪体になる。本人の住所地の公安委員会の免許台帳に登録されてい
　　ない旨の回答があれば，補強証拠として十分といってよい。（判例解説
　　昭和42年度358頁）

　　司法警察員の現認報告書は，運転行為についての（直接証拠たる）補強証
　拠であり，運転者と被告人の同一性についての補強証拠でもある。

　　　運転行為の補強証拠について，司法警察員の現認報告書に代わるものとし
　ては，目撃者や同乗者の供述調書等がある。

⑶　速度違反の罪

　　　捜査報告書又は現認報告書（運転行為について）

　　　速度測定報告書（速度超過について）

　　　公安委員会意思決定謄本等（指定速度違反の場合）

【判例㊷】被告人は，指定最高速度を超える速度で走行していたことを自認して
　　　　いるが，これを裏付けるに足りる適確な補強証拠は存在しないから，被
　　　　告人が自認する範囲内においても，その事実を認定し被告人を有罪とす
　　　　ることはできない。（東京高判平元・ 8 ・29判時1325号156頁，判タ713
　　　　号283頁）

⑷　酒気帯び運転の罪

　　　酒気帯び鑑識カード（酒気帯びについて）

　　　捜査報告書又は現認報告書（運転行為について）

【判例㊸】酒気帯び運転の事実については，被告人の自白がある場合でも，被告
　　　　人が一定量以上の酒気を帯びていたことだけでなく，被告人がその自動
　　　　車を運転したことについても補強証拠がなければ，有罪の認定をする
　　　　ことができない。（東京高判昭62・ 9 ・17東高刑時報38巻 7 ～ 9 号102
　　　　頁，判タ657号270頁）

【判例㊹】無免許運転ないし酒気帯び運転の罪を認定するにあたっては，被告人
　　　　の自白がある場合でも，被告人が運転免許を受けていなかった点及び酒

気を帯びていた点のみならず被告人が当該日時にその自動車を運転していたという点についても補強証拠を必要とする。酒気帯び鑑識カードは被告人の運転行為の補強証拠たりえない。（大阪高判平2・1・31判時1369号160頁）

4　証拠の標目列挙の順序

(1)　起案の手引による順序

　証拠の標目を列挙する順序については確定した原則はないが，全然無方針であることは望ましくない。例えば，被告人の公判廷の供述・供述調書を冒頭に掲げ，次いで人証・書証（供述調書・それ以外のもの）・物証の順に分け，同種の証拠を適宜まとめて記載するなどの工夫が必要である。（起案の手引38頁）

　争いのない事件では，次に掲げるような順序・方法による書き方が多い。

(1)　被告人の供述	被告人の公判供述	
	被告人の検面調書，員面調書	
(2)　書　　　　証		
ア　公務員作成	検面調書，員面調書	
	実況見分調書，写真撮影報告書，捜査報告書	
	電話聴取書，複写報告書	
イ　医師等作成	鑑定書，診断書	
ウ　私人作成	被害届	
(3)　物　　　　証	押収物	

　争いのない事件では，被告人の供述，乙号証，甲号証の順で記載するのが一般的である。乙号証，甲号証の中における順序については，各種の方法がある。例えば，甲号証について，公務員作成（捜査報告書等），医師等の作成（鑑定書等），私人の作成（被害届等）の順に記載する方法がある。

(2)　争いのある事件

　争いのある事件では，後に述べる証拠構造（120頁）等にもよるが，被告人の供述の次に人証（証人の公判供述）を掲げる例もあるし，人証を冒頭に掲げ被告人の供述を最後に記載する例もある。

5　ベスト・エビデンス

(1)　ベスト・エビデンス

　　ベスト・エビデンス（best evidence，最良証拠）とは，その事物の性質上もたらされうる最良の証拠を意味する。

(2)　ベスト・エビデンス・ルール

　　ベスト・エビデンス・ルール（best evidence rule，最良証拠法則）とは，狭義においては，英米証拠法上の法則で，最良と考えられている証拠が提出可能である限り，その証拠趣旨をあらわす他の証拠を提出してはならないとの法則である。

　　上記ほど厳密な意味ではなくとも，例えば，前出（79頁）の酒気帯び運転の罪の補強証拠については，酒気帯び鑑識カードのほうが，証拠能力の獲得（171頁）や記録への編綴・保存等の容易さなどから，一次的証拠（primary evidence）ということができ，アルコール検知管は二次的証拠（secondary evidence）ということになる。

第5　累犯前科及び確定裁判

1　累犯前科

　　累犯の要件を備えていることが判決文上明らかになるように記載し，その証拠も掲げる。（起案の手引44頁）

(1)　再犯の場合

　　「被告人は，平成〇年〇月〇日〇〇簡易裁判所で窃盗罪により懲役〇年に処せられ，平成〇年〇月〇日その刑の執行を受け終わったものであって，この事実は検察事務官作成の前科調書によって認める。」

(2)　執行猶予の取消しがある場合

　　「……懲役〇年（〇年間執行猶予，平成〇年〇月〇日その猶予取消し）に処せられ，……」

(3)　3犯の場合

　　「被告人は，(1)平成〇年〇月〇日〇〇簡易裁判所で窃盗罪により懲役〇年に処せられ，平成〇年〇月〇日その刑の執行を受け終わり，(2)その後犯した窃盗罪により平成〇年〇月〇日〇〇簡易裁判所で懲役〇年に処せられ，平成〇年〇月〇日その刑の執行を受け終わったものであって，これらの事実は検察事務官作成の前科調書及び(2)の前科に係る判決書謄本によって認める。」

2　確定裁判

刑法45条後段の適用がある場合には，確定裁判があった事実を判示しなければならない。（起案の手引47頁）

「被告人は，平成○年○月○日○○簡易裁判所で窃盗罪により懲役○年に処せられ，その裁判は同年○月○日確定したものであって，この事実は検察事務官作成の前科調書によって認める。」

第6　法令の適用

1　構成要件及び法定刑を示す規定の適用（起案の手引51頁）

(1)　基本型

「被告人の判示所為は刑法235条に該当するところ」

(2)　未遂罪の場合

「被告人の判示所為は刑法243条，235条に該当する……」

未遂処罰規定は，基本罰条の前に掲げる。

(3)　共同正犯の場合

「被告人の判示所為は刑法60条，235条に該当する……」

共犯の規定（60条，61条1項，62条1項）は，基本罰条の前に掲げる。

(4)　刑の変更がある場合

ア　罰則について経過規定がない場合

(ア)　行為時法の刑が軽い場合

「刑法6条，10条により軽い行為時法の刑によることとし」

(イ)　裁判時法の刑が軽い場合

「刑法6条，10条により軽い裁判時法の刑によることとし」

イ　罰則について経過規定がある場合

「平成17年法律第66号附則10条により同法による改正前の刑法220条に該当する……」

2　科刑上の一罪の処理（起案の手引57頁）

> 一個の行為が二個以上の罪名に触れ，又は犯罪の手段若しくは結果である行為が他の罪名に触れるときは，その最も重い刑により処断する。
>
> （刑法54条1項）

(1)　観念的競合

「……該当するが，これは１個の行為が２個の罪名に触れる場合であるから，同法54条１項前段，10条により１罪として重い○○罪の刑で処断することとし」

罪名は，刑法犯は○○罪（例：窃盗罪）とし，それ以外は○○の罪（例：道路交通法違反の罪）とするのが通例である。

(2)　牽連犯

「……該当するが，この住居侵入と窃盗との間には手段結果の関係があるので，同法54条１項後段，10条により１罪として重い窃盗罪の刑で処断することとし」

(3)　一個の行為

刑法54条１項前段の**一個の行為**の意義に関しては，次の判例がある。

【判例㊺】刑法54条１項前段にいう一個の行為とは，法的評価をはなれ構成要件的観点を捨象した自然的観察のもとで，行為者の動態が社会的見解上一個のものと評価を受ける場合をいうと解すべきである。（最大判昭49・5・29刑集28巻4号114頁，判時739号36頁，判タ309号234頁，交通事件の罪数に関する大法廷三判決）

科刑上一罪の罰金額については，重い罪の法定刑の上限を超えないように注意をする必要がある。（後記(4)イ(ウ)，85頁）

(4)　科刑上一罪の処断刑の決定

ア　刑法10条に関する重点的対照主義

併科刑又は選択刑が規定されている場合，二個以上の刑種全体を比較対照する（**全体的対照主義**）のではなく，重い刑種のみを比較対照すべき（**重点的対照主義**）である。

各罪について刑種の選択，刑の加重・減軽を行った上で，数個の罪の処断刑の最大公約数として，その最上限及び最下限はいずれも各罪中の最も重いものに従い，1つの罪に併科刑があればその罪の刑が最も重くなくてもこれを併科することとして新たな処断刑を形成してこれによるとする考え方（**統一的処断刑形成説**）もある。

【判例㊻】併科刑又は選択刑の場合においても，まずその中の重い刑について対照し，重い刑が全く同じであるならば，さらに順次軽い刑について対照

すべきであるとする全体的対照説が刑法10条の解釈としては合理的であるが，刑法54条1項の規定の運用上，刑法施行法3条3項の規定の適用があり，同法3条3項は，併科刑又は選択刑の場合に，刑の軽重を定める重点的対照方法を規定したものと解すべきである。これは一に運用上の簡明と便宜に主眼を置いて重点的に定められたものと見るべきであろう。（最1小判昭23・4・8刑集2巻4号307頁）

イ　重点的対照主義の修正

(ア)　刑の下限の定め方

併科刑又は選択刑が規定されている罪の比較対照においては，上記判例により重点的対照主義によることが実務上確立しているが，刑の下限の定め方については，重点的対照主義が修正されている。

【判例㊼】刑法54条1項前段の一個の行為にして数個の罪名に触れる場合において「その最も重い刑により処断する」とは，数個の罪名中最も重い刑を定めている法条によって処断するという趣旨とともに，他の法条の最下限の刑よりも軽く処断することはできないという趣旨を含む。（最3小判昭28・4・14刑集7巻4号850頁，判時2号16頁，判タ30号45頁）

(イ)　罰金刑の併科

次の判例も，併科刑の扱いについて，重点的対照主義を修正している。

【判例㊽】数罪が科刑上一罪の関係にある場合において，その最も重い罪の刑は懲役刑のみであるがその他の罪に罰金刑の任意的併科の定めがあるときには，刑法54条1項の規定の趣旨等に鑑み，最も重い罪の懲役刑にその他の罪の罰金刑を併科することができる。（最1小決平19・12・3刑集61巻9号821頁，判時2011号159頁，判タ1273号135頁）

数個の罪の比較対照において，基本的に重点的対照主義の立場によることは判例実務上確立している。重点的対照主義の立場を採用した最一小判昭和23年4月8日も，軽い刑との関係における下限の定め方や併科刑の扱いについてまで直接判示したものではなく，統一的処断刑形成説などから批判される不都合な点については，基本的には重点的対照主義によりながら個別に修正ないし補充的解釈を施すことで解決すること

可能であり，そのような方法によるのが判例実務のすう勢となっている（判例解説平成19年度468頁）。

(ウ)　罰金刑の上限の定め方

　　軽い刑の罰金刑の多額の方が重い罪の罰金刑の多額よりも多いときは，罰金額の多額は軽い罪のそれによるべきとする裁判例（名古屋高金沢支判平26・3・18高検速報集平成26年140頁）がある。

　　この事案は，刑の下限の定め方（判例㊼）や併科刑の扱い（判例㊽）に関するものではなく，刑の上限の定め方に関するものであり，重点的対照主義に違背するものであると考えられる。

【判例㊾】選択刑の定めがある数個の罪について，その選択刑のそれぞれを比較して，それぞれの重い刑をもって処断刑を形成するというのは，重点的対照主義を修正するものではなく，刑法施行法3条3項が規定する重点的対照主義に反するものであり，判例とは立場を異にする見解である。原判決が，重い罪に選択的に規定されている罰金刑よりも軽い罪に選択的に規定されている罰金刑が重い場合に，これらを総合判断して罰金刑については軽い罪の罰金刑にしたがうものとする判断は，重点的対照主義として確立された最高裁判例に根本的に違背するものであるとしたことに誤りはない。（東京高判平30・5・24東高刑時報平成30年第9番）

(5)　刑の軽重

> 　主刑の軽重は，前条に規定する順序による。ただし，無期の禁錮と有期の懲役とでは禁錮を重い刑とし，有期の禁錮の長期が有期の懲役の長期の2倍を超えるときも，禁錮を重い刑とする。　　　　　（刑法10条1項）
> 　同種の刑は，長期の長いもの又は多額の多いものを重い刑とし，長期又は多額が同じであるときは，短期の長いもの又は寡額の多いものを重い刑とする。　　　　　　　　　　　　　　　　　　　（同条2項）
> 　2個以上の死刑又は長期若しくは多額及び短期若しくは寡額が同じである同種の刑は，犯情によってその軽重を定める。　　（同条3項）

ア　2つの刑の軽重

　　「重い○○罪」（刑種・刑量が異なるとき。）

　　「犯情の重い○○罪」（刑量が同じであるとき。）

(ア)　犯情と一般情状

犯情とは，情状のうち犯罪事実に属するものをいう（後記102頁）。

【判例(50)】刑法10条３項の犯情とは，個々の犯罪事実における具体的な諸般の情状をいう。（東京高判昭29・12・27東高刑時報５巻12号485頁，判タ45号37頁）

【判例(51)】刑法10条３項の犯情とは，当該犯罪の性質，犯行の手口，被害の程度その他一切の情状を指称する。（東京高判昭32・10・３高刑集10巻９号708頁，判タ76号47頁）

一般情状とは，情状のうち犯罪事実に属さないものをいう（102頁）。

(イ)　犯情の軽重

犯情は，通常は，被害の大きいものが重く，被害がほぼ同じなら後の犯行が重いとされている。

イ　３個以上の刑の軽重

「最も重い○○罪」（刑種・刑量がそれぞれ異なるとき又はそのうちの一つが他のものより重いとき。）

「犯情の最も重い○○罪」（刑量がいずれも同じであるとき。）

「刑及び犯情の最も重い○○罪」（刑種・刑量の同じものが２個以上あり，かつ，それらが他のものより重いとき。）

3　刑種の選択（起案の手引58頁）

「所定刑中懲役刑を選択し」

「判示第２の罪について所定刑中懲役刑を選択し」

観念的競合及び牽連犯の場合に，解釈上当然に選択刑の一つを適用することができなくなる場合がある。例えば，恐喝・傷害の観念的競合の場合，罰金に処する余地がなくなる。

恐喝罪　刑法249条　10年以下の懲役

傷害罪　刑法204条　15年以下の懲役又は50万円以下の罰金

公用文書毀棄・窃盗の場合も同様である。

公用文書毀棄罪　刑法258条　３月以上７年以下の懲役

窃盗罪　刑法235条　10年以下の懲役又は50万円以下の罰金

このような場合には，刑種の選択は無用であるから，次のように記載する。

「……により1罪として重い傷害罪について定めた懲役刑で処断することとし」

4　累犯加重（起案の手引60頁）

> 懲役に処せられた者がその執行を終わった日又はその執行の免除を得た日から5年以内に更に罪を犯した場合において，その者を有期懲役に処するときは，再犯とする。（刑法56条1項）

⑴　累犯の意義

累犯とは，広義では，すでに犯罪によって処罰されたことがあるのにさらに犯罪を重ねることをいい，狭義では，広義の累犯の関係にある犯罪のうち，一定の要件を具備することによって刑が加重されるものをいう。

累犯では，確定裁判を経た犯罪（前犯）とその後に犯された犯罪（後犯）との関係が問題となる。

⑵　再犯の要件

再犯の要件は，①前犯について懲役に処せられたこと②前刑の執行終了（又は執行免除）があったこと③5年以内に後犯を犯したこと④後犯について有期懲役に処すべき場合であることである。

ア　執行猶予中の犯罪

執行猶予中は，刑の執行が終了していないし免除もされていないから，執行猶予中の犯罪は，累犯とはならない。

【判例(52)】執行猶予に付された罪と，その執行猶予期間中に犯した罪とは，累犯関係に立たない。（最2小判昭28・7・17刑集7巻7号1537頁）

イ　仮釈放中の犯罪

仮釈放中も，刑の執行が終了していないし免除もされていないから，仮釈放中の犯罪は，累犯とはならない。

【判例(53)】前刑の仮出獄（仮釈放）の期間中に行った犯行について累犯加重をすることはできない。（最2小判昭24・12・24裁判集刑15号583頁）

ウ　5年の起算日

【判例(54)】刑法56条1項の「その執行を終わった日から5年以内」とは，受刑の最終日の翌日から起算して5年以内をいう。（最1小判昭57・3・11刑集36巻3号253頁，判時1039号137頁，判タ468号105頁）

【判例(55)】「5年以内」とは，その期間内に後犯が行われていればよいのであって，後犯に対する裁判がその期間内に言い渡されることを必要としない。（最2小決昭32・6・29刑集11巻6号1801頁）

したがって，累犯加重される犯罪であっても，刑法25条1項2号の要件を満たし，法律上は，執行猶予の言渡しが可能である場合が生じる。執行猶予の要件としては，判決言渡しの時点が基準となるからである。（後記第6章第2の4(2)，104頁）

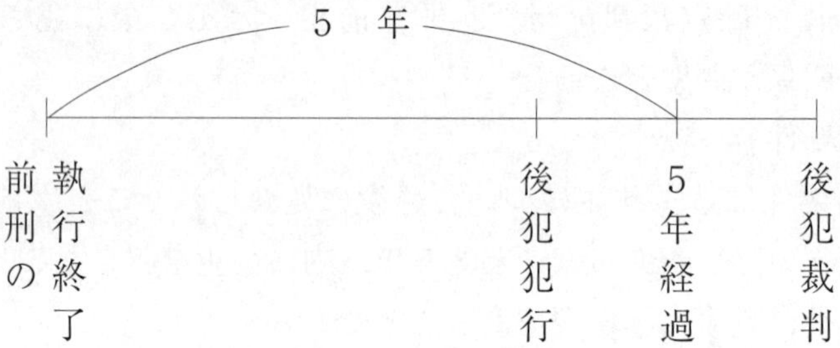

前科(1)，前科(2)と判示の罪が再犯の場合

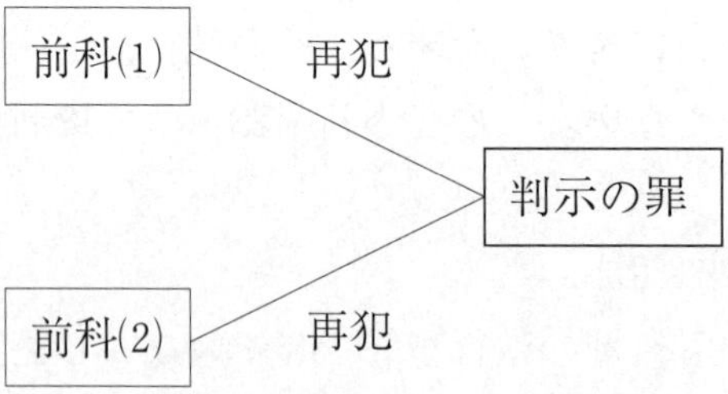

「前記の各前科があるので同法56条1項，57条により再犯の加重をし」

前科と判示第1，判示第2の罪が再犯の場合

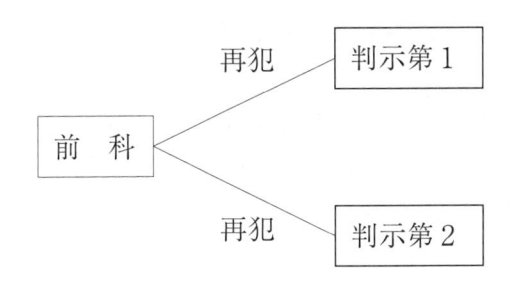

「前記の前科があるので同法56条１項，57条により判示第１及び判示第２の各罪の刑についてそれぞれ再犯の加重をし」

(3)　３犯以上の要件

> ３犯以上の者についても，再犯の例による。　　　　　　　（刑法59条）

　３犯の要件としては，過去に２回の懲役刑に処せられた前科があり，最初の前科（初犯）と２度目の前科（再犯）となった犯罪との間，再犯と今回の犯罪（３犯）との間及び初犯と今回の犯罪との間に，それぞれ刑法56条の関係があることが必要である。

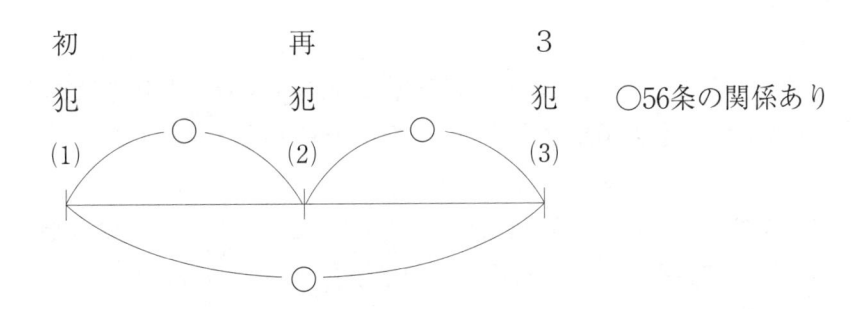

【判例㊱】　３犯として処断するには，初犯と３犯との間にも刑法56条の条件があ
　　　　　ることを要する。（最２小判昭29・４・２刑集８巻４号399頁）

(4)　累犯前科の摘示

【判例㊲】　累犯加重の理由となる前科を認定する証拠書類は，刑訴法305条によ
　　　　　る取調をなすことを要するものと解すべきである。（最大決昭33・２・
　　　　　26刑集12巻２号316頁，判時142号９頁，判タ142号９頁）
　　　判決の日付は，確定日ではなく，宣告日を記載する。
　　　前科調書に刑の執行終了日が記載されていない場合には，検察官に電話聴

取書等を作らせて，証拠調請求をさせる。

【判例58】刑法56条1項の累犯となる前科の刑の執行を終わった時を判示するには，前刑の執行が後犯の実行前に終わっていることが明らかで，かつ前科の刑の言渡しのときから計算してその刑期を経過したときが後犯の行われた日から優に5年以内であることが明らかなときは，前犯の刑の言渡しの年月日およびその刑期を示し，その頃その刑の執行を終わった旨を判示すれば足り，前犯の刑の執行終了の年月日を明示しなくても差し支えない。（最1小判昭23・11・11刑集2巻12号1518頁）

3犯の場合，「その後犯した」は必要的記載である。

(5)　累犯の処分

> 再犯の刑は，その罪について定めた懲役の長期の2倍以下とする。
>
> （刑法57条）

【累犯加重の記載例】

（累犯前科）

被告人は，

(1)　平成19年10月23日名古屋地方裁判所で住居侵入罪により懲役10月（3年間執行猶予，平成20年10月20日その猶予取消し）に処せられ，平成22年5月5日その刑の執行を受け終わり，

(2)　平成20年9月25日東京簡易裁判所で窃盗罪により懲役10月に処せられ，平成21年7月25日その刑の執行を受け終わり，

(3)　(1)の刑及び(2)の刑のいずれも執行終了後に犯した窃盗罪により平成23年5月18日名古屋地方裁判所一宮支部で懲役1年2月に処せられ，平成24年6月27日その刑の執行を受け終わった

ものであって，これらの事実は，検察事務官作成の前科調書並びに(2)及び(3)の各前科に係る判決書謄本によって認める。

（法令の適用）

被告人の判示所為のうち，建造物侵入の点は刑法130条前段に，窃盗の点は同法235条にそれぞれ該当するが，この建造物侵入と窃盗との間には手段結果の関係があるので，同法54条1項後段，10条により1罪として重い窃盗罪の刑で処断することとし，所定刑中懲役刑を選択し，判示の罪は前記(1)(3)の各前科との関係，前記(2)(3)の各前科との関係でいずれも3犯であるから，同法59条，56

条 1 項，57条により 3 犯の加重をした刑期の範囲内で被告人を懲役 1 年 4 月に処し，同法21条を適用して未決勾留日数中10日をその刑に算入し，訴訟費用は，刑事訴訟法181条 1 項ただし書を適用して被告人に負担させないこととする。

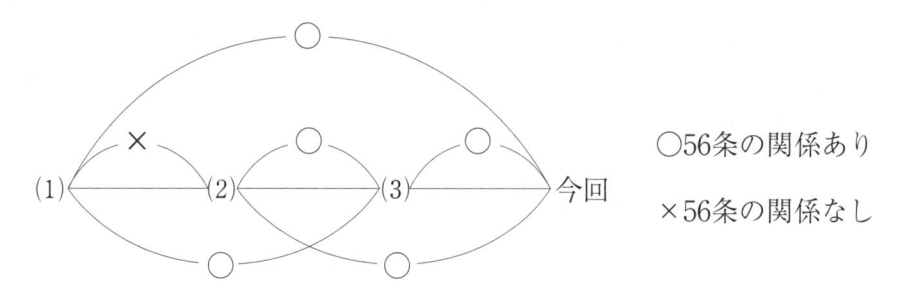

○56条の関係あり

×56条の関係なし

5　法律上の減軽

(1)　障害未遂（任意的減軽）

　　「判示の罪は未遂であるから同法43条本文，68条 3 号を適用して法律上の減軽をし」

(2)　中止未遂（必要的減免）

　　「判示の罪は中止未遂であるから同法43条ただし書，68条 3 号により法律上の減軽をし」

(3)　心神耗弱者（必要的減軽）

　　「判示の罪は心神耗弱者の行為であるから同法39条 2 項，68条 3 号により法律上の減軽をし」

(4)　従犯（必要的減軽）

　　「判示の罪は従犯であるから同法63条，68条 3 号により法律上の減軽をし」

6　併合罪の処理（起案の手引62頁）

> 　確定裁判を経ていない 2 個以上の罪を併合罪とする。ある罪について禁錮以上の刑に処する確定裁判があったときは，その罪とその裁判が確定する前に犯した罪とに限り，併合罪とする。　　　　　　　　　　（刑法45条）

(1)　45条前段の併合罪

　ア　45条前段の併合罪

　　確定裁判を経ていない数罪の場合である。

　　　「……該当するが，以上は同法45条前段の併合罪であるから，同法47条本文，10条により重い判示第 1 の罪の刑に法定の加重をした刑期の

範囲内で被告人を懲役〇年に処し」

イ　有期の懲役及び禁錮の加重

> 併合罪のうちの2個以上の罪について有期の懲役又は禁錮に処する
> ときは，その最も重い罪について定めた刑の長期にその2分の1を加
> えたものを長期とする。ただし，それぞれの罪について定めた刑の長
> 期の合計を超えることはできない。　　　　　　　　　　　（刑法47条）

住居侵入罪（刑法130条，3年以下の懲役）と窃盗罪（刑法235条，10年
以下の懲役）とを併合罪として処断する場合，その刑の長期は15年ではな
く，刑法47条ただし書の規定により13年に制限される。

「……該当するが，以上は同法45条前段の併合罪であるから，同法47条
本文，10条により重い判示第1の罪の刑に同法47条ただし書の範囲内で法
定の加重をした刑期の範囲内で被告人を懲役〇年に処し」

ウ　窃盗罪と窃盗未遂罪の軽重

併合罪の処理の段階で，刑法10条により窃盗罪と窃盗未遂罪の軽重を比
較する場合，法令の適用の順序が先である法律上の減軽の段階において，
障害未遂による任意的減軽の有無は明らかにされているから，未遂減軽を
していない場合には，窃盗罪と窃盗未遂罪（いずれも10年以下の懲役）の
軽重は犯情（前記86頁）で決めることになる。

(ア)　未遂減軽をしていない場合

「刑法10条により犯情の重い判示第〇の窃盗罪」

(イ)　未遂減軽をしている場合

「刑法10条により重い判示第〇の窃盗罪」

(2)　**45条後段の併合罪**

禁錮以上の刑に処する確定裁判があった場合である。

ア　45条後段の併合罪で主文1つの場合

今回処断すべき罪が全て確定裁判を経た罪の余罪である場合は，主
文1つになる。

「……該当するが，これは前記確定裁判があった〇〇罪と同法45条後段
の併合罪であるから，同法50条によりまだ確定裁判を経ていない判示〇〇
罪について更に処断することとし，その所定刑期の範囲内で被告人を懲役
〇年に処し」

イ　45条後段の併合罪で**主文2つの場合**

確定裁判を経た罪の余罪とその確定裁判後に犯された罪とがある場合

（今回処断すべき複数の罪の間に確定裁判がある場合）は，主文２つになる。

「被告人の判示第１の所為は刑法〇〇条に該当するところ，所定刑中懲役刑を選択し，この罪と前記確定裁判があった罪とは同法45条後段の併合罪であるから，同法50条によりまだ確定裁判を経ていない判示第１の罪について更に処断することとし，その所定刑期の範囲内で被告人を懲役〇年に処し」

裁判の確定時についての証拠（検察事務官作成の前科調書等）を，記録において確認しなければならない。

7　酌量減軽

> 犯罪の情状に酌量すべきものがあるときは，その刑を減軽することができる。（刑法66条）

「なお犯情を考慮し，同法66条，71条，68条３号を適用して酌量減軽をした刑期の範囲内で」

酌量減軽すべき場合

【判例(59)】酌量減軽は，併合罪加重までの加重・減軽等の操作をして得られた刑の範囲の最下限より軽くする必要がある場合に限りするものである。（最３小判昭40・11・２刑集19巻８号797頁，判時430号50頁，判タ185号133頁）

8　宣告刑の決定（起案の手引68頁）

⑴　懲役刑の場合

「……該当するので，その所定刑期の範囲内で被告人を懲役〇年に処することとする。」

所定刑期とは，法定刑を指す。

⑵　罰金刑の場合

「……該当するので，その所定金額の範囲内で被告人を罰金〇万円に処することとする。」

9　未決勾留日数の本刑算入

「……懲役〇年に処し，同法21条を適用して未決勾留日数中〇〇日をその刑

　　に算入することとし」

10　労役場留置

　　「……罰金○万円に処し，その罰金を完納することができないときは，同法18条により金5000円を1日に換算した期間被告人を労役場に留置することとする。」

（1）　換算率

【判例⑩】罰金刑の言渡を受けた者が罰金を完納することができない場合の労役場における留置は刑の執行に準ずべきものであるから，留置1日に相応する金銭的換算率は必ずしも自由な社会における勤労の報酬額と同率又は貨幣価値の変動と比例して決定されるべきものではない。そうして刑法18条は罰金不完納の場合の労役場留置期間の割合を所定の範囲内において裁判官の裁量に委ねているのである。（最2小判昭25・12・8刑集4巻12号2529頁）

　　一方，未決勾留日数の法定通算については，「未決勾留の1日を刑期の1日又は金額の4000円に折算する。」（法495条3項）とされている。

【判例⑪】罰金不納付の場合における労役場留置期間の換算率については，刑訴法495条3項と同率に決定する必要はない。（最1小判昭26・12・6刑集5巻13号2479頁，判タ18号49頁）

（2）　端数が生じる場合

【判例⑫】労役場留置の期間を定めるにあたり，1日に満たない端数を生じる換算率を定めても，同期間を定めない違法があるとはいえず，端数が生じる場合，その端数は1日に換算する旨を明示して判決を言い渡す扱いが実務上広く行われており，それは何ら違法，不当ではない。（最1小決平20・6・23判時2010号155頁，判タ1272号70頁）

　　平成18年法律第36号により刑法18条6項が改正されて，従前は認められていなかった換算率の1日に満たない罰金額を納付することが可能となったが，本決定の説示は，同法による改正後でも同様と思われる。

　　端数が生じる場合，現在の裁判実務においては，「ただし，端数金額はこれを1日とする」旨の言渡しがなされているが，仮に，裁判で端数金額

の換算方法を定めなかった場合には，当該端数金額に刑法18条 6 項の適用
はなく，これを 1 日として労役場に留置することはできないと解される（平
成 18 年 5 月 9 日付け法務省刑事局長依命通達）。

(3)　満つるまで算入

ア　未決勾留日数が満つる場合

「……に処し，同法21条を適用して，未決勾留日数のうちその 1 日を金
5000円に換算してその罰金額に満つるまでの分をその刑に算入し」

イ　未決勾留日数の算入後に残余の罰金がある場合（前記68頁）

「……に処し，同法21条を適用して未決勾留日数中50日をその 1 日を金
5000円に換算してその刑に算入し，残余の罰金を完納することができない
ときは，同法18条により金5000円を 1 日に換算した期間被告人を労役場に
留置することとする。」

11　刑の執行猶予（起案の手引70頁）

(1)　初度の執行猶予

> 次に掲げる者が 3 年以下の懲役若しくは禁錮又は50万円以下の罰金
> の言渡しを受けたときは，情状により，裁判が確定した日から 1 年以
> 上 5 年以下の期間，その刑の全部の執行を猶予することができる。
> 　一　前に禁錮以上の刑に処せられたことがない者
> 　二　前に禁錮以上の刑に処せられたことがあっても，その執行を終
> 　　わった日又はその執行の免除を得た日から 5 年以内に禁錮以上の刑
> 　　に処せられたことがない者　　　　　　　　　　　（刑法25条 1 項）

ア　記載例

(ア)　刑の全部の執行猶予

「……に処し，情状により同法25条 1 項を適用してこの裁判が確定し
た日から 3 年間その刑の執行を猶予することとする。」

(イ)　刑の一部の執行猶予

「……に処し，犯情の軽重及び犯人の境遇その他の情状を考慮し
て，再び犯罪をすることを防ぐために必要であり，かつ，相当であると
認められるから，同法27条の 2 第 1 項を適用してその刑の一部である懲
役 6 月の執行を 2 年間猶予することとする。」

イ　裁量的保護観察に付する場合

(ア)　刑の全部の執行猶予

　　　　「……その刑の執行を猶予し，なお同法25条の２第１項前段を適用し
　　　て被告人をその猶予の期間中保護観察に付し」
　　(イ)　刑の一部の執行猶予
　　　　「……その刑の一部である懲役６月の執行を２年間猶予し，なお同
　　　法27条の３第１項を適用して被告人をその猶予の期間中保護観察に付
　　　し」
　ウ　初度の執行猶予の要件
　　　初度の執行猶予の要件は，形式的要件として，①３年以下の懲役・禁錮
　　又は50万円以下の罰金の言渡しを受けた場合であって，②前に禁錮以上の
　　刑に処せられたことがない者，又は，③前に禁錮以上の刑に処せられたこ
　　とがあってもその執行を終わった日又はその執行の免除を得た日から５年
　　以内に禁錮以上の刑に処せられたことがない者であることであり，実質的
　　要件としては「情状により」認められる。

【判例㉖】刑の執行を猶予すべき情状の有無を判断するには，証拠調べをした証
　　　　拠のみによることは要しない。（最２小判昭24・２・22刑集３巻２号
　　　　221頁）

【判例㉔】懲役１年の刑に付された１年間という執行猶予期間が短期間にすぎる
　　　　との検察官の控訴趣意を認容し，同期間を３年間とした事例（大阪高判
　　　　平８・３・15高検速報平成８年133頁，判時1583号148頁）

【判例㉕】判決宣告時に執行猶予期間が満了していれば，刑法25条１項の初度の
　　　　執行猶予となる。（福岡高判昭29・３・23高刑集７巻２号202頁）

　エ　累犯加重と執行猶予
　　　累犯加重される犯罪であっても，法律上，執行猶予の言渡しが可能であ
　　る場合が生じることについては，前記４(2)ウ（88頁）のとおりである。
(2)　**再度の執行猶予**

> 　　前に禁錮以上の刑に処せられたことがあってもその刑の全部の執行を猶予された者が 1 年以下の懲役又は禁錮の言渡しを受け，情状に特に酌量すべきものがあるときも，前項と同様とする。ただし，次条第 1 項の規定により保護観察に付せられ，その期間内に更に罪を犯した者については，この限りでない。　　　　　　　　　　　　　（刑法25条 2 項）

ア　記載例

　　「……に処し，なお被告人は平成〇年〇月〇日〇〇簡易裁判所で窃盗罪により懲役 1 年に処せられ 3 年間その刑の執行を猶予され，本件の罪はその猶予の期間内に犯したものであるが，情状に特に酌量すべきものがあるから，同法25条 2 項を適用してこの裁判が確定した日から 4 年間その刑の執行を猶予し，同法２５条の２第１項後段によりその猶予の期間中被告人を保護観察に付し」

イ　再度の執行猶予の要件

　　再度の執行猶予の要件は，形式的要件として，①前に禁錮以上の刑に処せられたがその刑の全部の執行を猶予された者であり，②１年以下の懲役・禁錮の言渡しを受けた場合であって，しかも，③初度の執行猶予で保護観察に付せられその期間内に更に罪を犯した者でないことであり，実質的要件としては「情状に特に酌量すべきものがあるとき」に限られている。

　　再度の執行猶予が例外的なものであることにつき後記第 6 章第 2 の 3 (1)（104頁）。

(3)　刑の一部の執行猶予

> 　次に掲げる者が3年以下の懲役又は禁錮の言渡しを受けた場合において，犯情の軽重及び犯人の境遇その他の情状を考慮して，再び犯罪をすることを防ぐために必要であり，かつ，相当であると認められるときは，1年以上5年以下の期間，その刑の一部の執行を猶予することができる。
> 　一　前に禁錮以上の刑に処せられたことがない者
> 　二　前に禁錮以上の刑に処せられたことがあっても，その刑の全部の執行を猶予された者
> 　三　前に禁錮以上の刑に処せられたことがあっても，その執行を終わった日又はその執行の免除を得た日から5年以内に禁錮以上の刑に処せられたことがない者　　　　　　　　（刑法27条の2第1項）

ア　記載例

　　「……に処し，犯情の軽重及び犯人の境遇その他の情状を考慮して，再び犯罪をすることを防ぐために必要であり，かつ，相当であると認められるから，同法27条の2第1項を適用してその刑の一部である懲役6月の執行を2年間猶予することとする。」（前記(1)ア(イ)と同じ）

イ　裁量的保護観察に付する場合

　　「……その刑の一部である懲役6月の執行を2年間猶予し，なお同法27条の3第1項を適用して被告人をその猶予の期間保護観察に付し」（前記(1)イ(イ)と同じ）

(4)　罰金刑の執行猶予

　　罰金刑の執行猶予は，極めて例外的である。有罪であるが，事案が極めて軽微であり，名目的処罰で足りる場合や被告人に物的能力が少なく，諸般の事情から，罰金の取立てが甚だ酷に失するおそれがある場合に限られるといえよう。（量刑判断59頁）

12　訴訟費用（起案の手引72頁）

> 　刑の言渡をしたときは，被告人に訴訟費用の全部又は一部を負担させなければならない。但し，被告人が貧困のため訴訟費用を納付することのできないことが明らかであるときは，この限りでない。
>
> 　　　　　　　　　　　　　　　　　　　　　　　　（法181条1項）

(1)　負担させる場合

　「訴訟費用については，刑事訴訟法181条 1 項本文により全部これを被告人に負担させることとする。」

(2)　負担させない場合

　「訴訟費用は，刑事訴訟法181条 1 項ただし書を適用して被告人に負担させないこととする。」

(3)　訴訟費用執行免除の申立て

　訴訟費用の負担を命ぜられた場合の救済方法としては，執行段階における被告人からの執行免除の申立てがある。

　　訴訟費用の負担を命ぜられた者は，貧困のためこれを完納することができないときは，裁判所の規則の定めるところにより，訴訟費用の全部又は一部について，その裁判の執行の免除の申立をすることができる。

（法500条 1 項）

　　前項の申立は，訴訟費用の負担を命ずる裁判が確定した後20日以内にこれをしなければならない。

（同条 2 項）

13　その他

(1)　「○○条により」と「○○条を適用して」

　当然に適用される条文は「○○条により」，裁量によって適用される条文は「○○条を適用して」と記載する。

科刑上の一罪	当然適用→54条 1 項前段，10条により	
累 犯 加 重	当然適用→56条 1 項，57条により	
法律上の減軽		
任意的減軽	裁量適用→43条本文，68条 3 号を適用して	
必要的減軽	当然適用→63条，68条 3 号により	
併合罪の処理	当然適用→47条本文，10条により	
酌 量 減 軽	裁量適用→66条，71条，68条 3 号を適用して	
未決勾留日数	裁量適用→21条を適用して	
労 役 場 留 置	当然適用→18条により	
執 行 猶 予		
初度の猶予	裁量適用→25条 1 項を適用して	
保護観察	裁量適用→25条の 2 第 1 項前段を適用して	

再度の猶予	裁量適用→25条 2 項を適用して
保護観察	当然適用→25条の 2 第 1 項後段により
一 部 猶 予	裁量適用→27条の 2 第 1 項を適用して
没 収	
任意的没収	裁量適用→19条 1 項 1 号，2 項本文を適用して
必要的没収	当然適用→197条の 5 前段により
仮 納 付	裁量適用→刑訴法348条 1 項を適用して
訴訟費用	
負 担	原則適用→刑訴法181条本文により
不負担	例外適用→刑訴法181条ただし書を適用して

(2)　**羅列式**による法令の適用

　　有罪判決における「法令の適用」においては，適用の論理過程を示すことを要求されている（東京高判昭25・ 4 ・14高判特16号62頁）。

　　有罪判決において条文を羅列した場合について，次の判例がある。

【判例⑯】法令の適用については，如何なる法令を適用して主文の判断をするに至ったかが判るならば，法条の羅列も違法ではない。（最 3 小判昭28・12・15刑集 7 巻12号2444頁）

第7　量刑の理由

1　量刑の理由の記載

　　量刑の理由については，判決書に記載することは必要的ではない。しかし，執行猶予か実刑か微妙な場合や再度の執行猶予を言い渡す場合は，量刑の理由を記載したほうがよいであろう。

2　量刑の理由の構成

　　量刑の理由については，次のような構成による例が多い。

(1)　本件事案の特徴をとらえた簡潔な説明

　　（本件は，被告人が～した事案である。）

(2)　犯情及び一般情状で不利な事情

　　（身勝手な犯行動機に酌むべき点はなく～）

(3)　被告人の刑責の評価

　　（被告人の刑事責任は軽くない。）

(4)　犯情及び一般情状で有利な事情

　　（他方，被害弁償がなされていることや〜）

(5)　刑の量定についての結論

　　（主文掲記の刑に処するのが相当と判断した。）

3　量刑因子の軽重

　量刑の理由を説示する場合に，量刑因子を，被告人に不利な事情と有利な事情として単に列挙して説示するのではなく，量刑因子のなかで裁判所が重視したものが明らかになるように説示すべきである。

第8　調書判決

> 　地方裁判所又は簡易裁判所においては，上訴の申立てがない場合には，裁判所書記官に判決主文並びに罪となるべき事実の要旨及び適用した罰条を判決の宣告をした公判期日の調書の末尾に記載させ，これをもつて判決書に代えることができる。ただし，判決宣告の日から14日以内でかつ判決の確定前に判決書の謄本の請求があつたときは，この限りでない。
>
> （規則219条1項）

　調書判決に記載すべき事項は，主文，罪となるべき事実の要旨及び適用した罰条である。罪となるべき事実は，要旨で足りるが，起訴状記載の公訴事実（又は訴因変更請求書等に記載された事実）を引用することもできる。適用した罰条は，犯罪事実に適用した罰条だけを示せば足りるが，適用すべき法令を羅列式に記載する例が多い。

第6章　量刑

第1　量刑判断の在り方

1　犯情と一般情状

　　量刑の基礎となる事実を広義の**情状**という。このうち犯罪事実に属するものを**犯情**といい，犯罪事実に属さないものを**一般情状**（狭義の情状）という。

　　実務における量刑は，犯情事実（犯罪行為それ自体に関わる事実）により**量刑の大枠**を決定し，その大枠の中で一般情状事実を，刑を調整する要素として被告人に有利ないし不利に考慮して，量刑相場を踏まえつつ最終的な量刑を決定している。

　【判例⑰】事実審たる裁判所は，犯人の性格，年齢及び境遇並に犯罪の情状及び犯罪後の情況等を審査してその犯人に適切妥当な刑罰を量定するのである。（最大判昭23・10・6刑集2巻11号1275頁）

2　量刑における幅の理論

　　幅の理論とは，裁判所は，まず，有罪とされる犯行に対する責任からしてどの程度の刑が相当であるかを問わなければならないが，責任刑は一点で定まるのではなく，それには一定の幅が認められるから，その範囲内において，予防の必要性に応じて最終刑を決めることが許されるとするものである。

　　最終的な量刑の幅は，宣告刑が懲役6月以下の場合においては1月程度，懲役1年以下の場合においては2月せいぜい3月程度と考えられる（「控訴審における量刑判断」72頁，司法研修所論集94号）。

第2　執行猶予と実刑

1　執行猶予制度

(1)　執行猶予制度の刑事政策的な意義

　　執行猶予制度の刑事政策的な意義は，犯罪者に社会内における改善更生の機会を与え，併せて，執行猶予取消制度（刑法26条以下）による心理的圧力を通じて再犯を防止することにその主眼がある。

(2) 刑事政策的意義と責任評価

　執行猶予を付すか否かの判断に際し，執行猶予の刑事政策的意義とか特別予防の観点とかは，あくまで，責任評価と矛盾しない範囲内で問題になるにすぎない。（諸問題152頁，153頁）

(3) 執行猶予の言渡人員

　司法統計年報によれば，簡易裁判所における懲役刑と執行猶予の言渡人員は次のとおりである。

言渡人員　　　　　年　　次	懲役刑	うち執行猶予
平成29年	4252	2906（68.3％）
28年	4551	3113（68.4％）
27年	5038	3525（70.0％）
26年	5616	3793（67.5％）
25年	5951	3983（66.9％）

(4) 執行猶予の判決言渡と説示

　執行猶予付きの判決を言い渡す際には，被告人に対して，執行猶予期間中に犯行を行えば原則として実刑になることを予告して，威嚇効果をもたせる説示も行われている。

2　窃盗罪の量刑要素

(1) 被害額

　窃盗罪は財産犯であるから，被害額やその回復の状況がかなり中核的な量刑要素になる。

　比較的単純な手口の窃盗で，未回復の被害額が100万円に近い額に達していれば，初犯でも実刑の選択をかなり現実的に考慮すべきではないかという意見が比較的多い。（諸問題156頁）

(2) 手口

　被害額以外の量刑要素では，窃盗の手口や前科・前歴も考慮される。窃盗の手口として，侵入盗，車上狙い，すり，ひったくり，仮睡盗は，犯行態様として強い非難が向けられる。一方，万引きや置き引きは，犯行態様として軽い評価を受ける。

3　執行猶予中の犯行

(1)　再度の執行猶予

　　再度の執行猶予は，刑法25条2項の文言上も例外的なものとされているほか，もともと，刑の執行猶予は，執行猶予の取消制度による心理的強制を背景に，猶予期間中再犯を犯さないことを条件として，現実の服役を免れさせる制度であり，執行猶予期間内の再犯に対しては，特段の事情がない限り実刑をもって臨むべきであり，これが緩やかに解されるようでは，執行猶予制度自体の基盤を揺るがしかねない。（諸問題161頁）

　　検察統計年報（474頁）によれば，平成29年に，第一審において，窃盗罪で刑の全部の執行猶予の言渡しを受けた者は7672人であるが，うち初度の執行猶予は7548人（98.8パーセント），再度の執行猶予は124人（1.6パーセント）である。

(2)　執行猶予期間の満了が迫っているとき

　　執行猶予中の被告人に対して実刑とした場合，その執行猶予期間の満了が迫っているときには，被告人が控訴・上告を行って実刑の確定を遅らせると，前刑の執行猶予の取消しを免れることができる。そこで，第一審としてもなるべく判決宣告を早める等の措置を取ることは可能である。控訴審の係属期間として約3か月，上告審の係属期間として約2か月が見込まれることを考えておく必要がある。（量刑判断44頁）

4　累犯前科がある場合

(1)　前刑終了後5年の経過が近いとき

　　前刑終了後5年の経過が近いときには，執行猶予の言渡しが法律上可能となるように，被告人が引き延ばしを図ることもある。同様の注意が必要であろう。（量刑判断45頁）

(2)　累犯前科があるが刑法25条1項2号の要件を満たす場合

　　累犯前科がある場合，その多くは，刑法25条1項2号所定の要件を満たさず，仮にその要件を満たすとしても（第1編第5章第6の4(2)ウ，88頁），累犯前科が認められる犯行について執行猶予を付するのは，異種の犯行で，過失犯であること，罰金刑を選択すべき事案とそれほどの違いがない場合など，極めて例外的な事案に限られるであろう。判決宣告が前刑執行終了後5年を経ていても，その5年の期間中に行われた犯罪について執行猶予が付せられることは実際上ほとんど考えられない。（諸問題163頁）

第3　実刑の場合の量刑

1　求刑との関係
(1)　求刑を下回る場合

　　量刑が求刑の半分以下になると，検察庁において控訴審査の対象となるといわれているが，これは，あくまで検察庁の部内の問題であるから，裁判所がこれに配慮して求刑より大幅に軽くするときでも求刑の半分を少し上回るようにするといったことは筋違いである。もっとも，刑期を求刑の半分より少し高くするかわりに，未決勾留日数を多めに算入するという実務もあるようだ。（量刑判断51頁）

　　なお，検察庁の実務の取扱いは，量刑が求刑の5割以下（5年を超える求刑の場合は6割以下），再度の執行猶予，懲役刑求刑に対する罰金刑，無罪等の判決の場合に，控訴審査の対象となるようである。

(2)　求刑を上回る場合

　　傷害致死の事案につき，懲役10年の求刑を超えて懲役15年に処した第1審判決及びこれを是認した原判決が，量刑の傾向を踏み出すことについて合理的な根拠を示していないとして破棄された事例がある。

【判例㊸】親による幼児に対する傷害致死の事案において，これまでの量刑の傾向から踏み出し，公益の代表者である検察官の懲役10年の求刑を大幅に超える懲役15年という量刑をすることにつき，具体的，説得的な根拠を示しているとはいい難い第1審判決及びその量刑を是認した原判決は，量刑不当により破棄を免れない。（最1小判平26・7・24刑集68巻6号925頁，判時2250号103頁，判タ1410号82頁）

2　累犯前科がある場合の量刑

　　累犯は，有罪の言渡のみならず刑の執行という国家の司法作用を受けているにもかかわらず，ふたたび規範に対する侵害を行っているという意味で，併合罪の場合よりもさらに規範的な非難の度合いが高い。そこで，刑法は，所定の要件を満たした場合，累犯に対し併合罪の場合よりも重い刑の加重を認めることとした。（「刑法総論改訂準備版」（下巻）498頁，西原春夫著）

　　したがって，今回，特段の被告人に有利な事情が認められない限り，前刑の刑期よりも今回の刑期が下回る量刑は考えにくい。

　　ただし，①前刑が執行猶予で猶予取消しになった場合，②今回の求刑が前刑の求刑を下回っている場合，③前刑と罪名等が異なる場合は，該当しない。

3　執行猶予中の被告人に対する量刑

　　執行猶予中の被告人に実刑を言い渡す場合，前刑の執行猶予が取り消され，その刑も合わせて服役しなければならなくなるので，その点を考慮して比較的軽い量刑をすることがある。これは，前刑で実刑判決を受けていたならば，もう少し減軽されていたはずだが，既に宣告された刑を変えることはできないから再犯の刑期を下げて調整するという考え方である。

　　ただし，今回の判決の確定前に前刑の執行猶予期間が切れてしまう場合は，前刑の執行猶予の取り消しがなされないので，そのような考慮は不要となる。

> 　　次に掲げる場合においては，刑の全部の執行猶予の言渡しを取り消さなければならない。ただし，第3号の場合において，猶予の言渡しを受けた者が第25条第1項第2号に掲げる者であるとき，又は次条第3号に該当するときは，この限りでない。
> 　　一　猶予の期間内に更に罪を犯して禁錮以上の刑に処せられ，その刑の全部について執行猶予の言渡しがないとき。（以下略）　　（刑法26条）

第4　執行猶予の場合の量刑

1　懲役期間

　　初度の執行猶予の場合，懲役期間については求刑のとおりとされることが多い。これは，執行猶予に威嚇効果をもたせる（前記第2の1(4)，103頁）ためでもあると思われる。未決勾留日数の算入もしないのが普通である。

　　窃盗罪について，東京地方裁判所の判決を200件調査したところ，執行猶予の場合に，懲役期間を求刑よりも短縮している例が約1割，未決勾留日数を算入している例が約1割であった。ただし，懲役期間を短縮し併せて未決

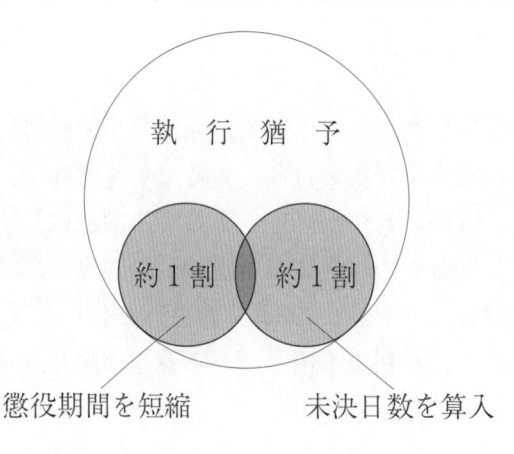

執行猶予

約1割　　約1割

懲役期間を短縮　　　未決日数を算入

勾留日数を算入している例はほとんどない。

2　執行猶予期間

　　検察統計年報（結果の概要）によれば，平成29年に，第一審において，刑の全部の執行猶予の言渡しを受けた人員を執行猶予期間別に見ると，執行猶予期間が３年以上（４年未満）が，69.7パーセントで最も多い。

刑の執行猶予言渡し期間別人員

執行猶予期間	人　員	構成比（％）
１年以上	6	0.0
２年以上	1,005	3.1
３年以上	22,490	69.7
４年以上	6,460	20.0
５　　年	2,305	7.1
計	32,266	100.0

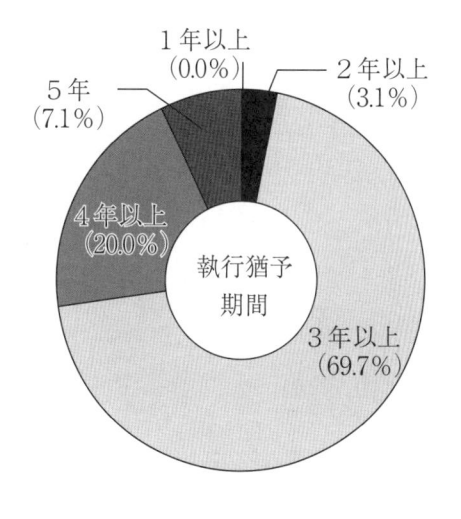

懲役期間と執行猶予期間についての目安は次のとおりである。

懲役期間	執行猶予期間
１年未満	２　年
１年〜１年半	３　年
２年以上	３〜４年

第5　余罪と量刑

　　起訴されていない余罪につき，実質上これを処罰する趣旨で量刑の資料に考慮すること（**実質処罰型**）は許されないが，単に被告人の性格，経歴および犯罪の動機，方法等の情状を推知するための資料としてこれを考慮すること（**情状推知型**）は許される。

【判例㊽】起訴されていない犯罪事実をいわゆる余罪として認定し，実質上これ

を処罰する趣旨で量刑の資料に考慮することは許されないが，単に被告人の性格，経歴および犯罪の動機，方法等の情状を推知するための資料としてこれを考慮することは許される。（最大判昭41・7・13刑集20巻6号609頁，判時451号24頁，判タ195号114頁）

【判決書例1】窃盗罪（自白事件，実刑）

平成24年7月12日宣告　　　　　　　　　　　裁判所書記官　○　○　○　○

平成24年（ろ）第○○○号

判　　　決

本　籍　東京都世田谷区（以下略）

住　居　東京都世田谷区（以下略）

　　　　無　職

○　　○　　○　　○

昭和○○年○月○○日生

　上記の者に対する窃盗被告事件について，当裁判所は，検察官○○○○出席の上審理し，次のとおり判決する。

主　　　文

　被告人を懲役1年4月に処する。

　未決勾留日数中10日をその刑に算入する。

理　　　由

（罪となるべき事実）

　被告人は，平成24年5月15日午後1時35分頃，東京都千代田区（以下略）株式会社○○1階ノートパソコン売り場において，同店店長A管理のタブレット型情報端末機2台（販売価格合計9万1598円）を窃取したものである。

（証拠の標目）

（括弧内の甲乙の番号は，証拠等関係カードに記載された検察官請求の証拠番号を示す。）

　　被告人の

　　　当公判廷における供述

　　　検察官に対する供述調書2通（乙2，3）

　　Bの検察官に対する供述調書（甲3）

　　司法警察員作成の

　　　被害届訂正報告書（甲2）

　　　実況見分調書（甲4）

　　　写真撮影報告書（甲5）

　　B作成の被害届（甲1）

（法令の適用）

　被告人の判示所為は刑法235条に該当するところ，所定刑中懲役刑を選択し，その所定刑期の範囲内で被告人を懲役1年4月に処し，同法21条を適用して未決勾留

日数中10日をその刑に算入することとし，訴訟費用は，刑事訴訟法181条1項ただし書を適用して被告人に負担させないこととする。

（量刑の理由）

　本件は，被告人が，店舗からタブレット型情報端末機2台を窃取した事案である。窃取した商品を換金して現金を手に入れるためとの本件犯行動機に，酌むべき点はない。犯行態様も，商品の防犯ケーブルを取り外した上で店外に出ており，悪質である。被害額も，合計で9万円余りであって，少額とはいえない。

　また，被告人は，平成23年11月25日，東京簡易裁判所において同種の窃盗罪により懲役1年10月，3年間執行猶予の判決を受け，そのわずか半年後の執行猶予期間中に，安易に本件犯行に及んだもので，被告人の刑事責任を軽視することはできない。

　そうすると，被害品が被害店舗に還付されていること，被告人の妻の母親が情状証人として出頭し被告人を監督する旨誓っていることなど被告人にとって酌むべき事情を考慮しても，本件が，再度の執行猶予を付すべき情状に特に酌量すべきものがある事案とは認められず，主文の刑はやむを得ないところである。

（求刑・懲役2年　国選弁護人〇〇〇〇）

　　平成24年7月12日

　　　　　東京簡易裁判所刑事第〇室

　　　　　　　　裁　判　官　　　〇　　　〇　　　〇　　　〇

第２編　争いのある事件

第1章　争いの明確化

第1　被告事件に対する意見陳述

1　陳述の範囲
第1編第4章第1の4(2)（35頁）のとおり

2　意見陳述の類型
被告人及び弁護人のなす事実に対する意見陳述は，①公訴事実を全面的に認める②公訴事実の一部を認めるが一部を否認する③公訴事実について構成要件該当事実は認めるが正当防衛等の違法性阻却事由や心神喪失等の責任阻却事由の存在を主張する④公訴事実を全面的に否認する⑤公訴事実の認否について黙秘するという5類型に大別される（前出「実務刑事弁護」51頁）とされる。

①は争いのない事件としてとらえられ，②④⑤は公訴事実の否認であり，③は法335条2項の主張（次頁）がされる場合である。

【判例⑦】被告人は検察官が朗読した起訴状記載の事実を認めることが自分を罪に陥れることになると思えば裁判長から告げられた黙秘権を行使すればよいのであるにも拘わらず，本件被告人は「私に関する部分についてはその通り間違いありません」と述べて事実を争わない旨を答弁したのである。そしてかかる被告人の陳述を以て自白と解するか否かは，審理の結果裁判所がその裁量で判断しうるところである。（最2小判昭25・8・9判タ5号4頁）

第2　公訴事実の否認

1　単純否認と積極否認
犯罪構成要件事実の不存在の主張（**単純否認**）及びこれと相容れない事実の主張（**積極否認**）は，公訴事実の否認であって，法335条2項の主張に当たらない。

2　不意打ちの防止

同一訴因内の事実を認定する場合でも，被告人側が防御活動を行っていない事実を認定することは違法となる。

【判例㉑】被告人側が何らの防御活動を行っていない日時における事前謀議の存否を争点として顕在化させる措置を採ることなく，その日時における事前謀議を認定したことにつき，被告人に不意打ちを与えた違法がある。
　　　　（最3小判昭58・12・13刑集37巻10号1581頁，判時1101号17頁，判タ516号86頁）

第3　法335条2項の主張

　法335条2項の主張とは，犯罪構成要件に該当する事実以外の事実であって，法律上犯罪の成立を妨げる理由となる事実や，刑の加重減免の理由となる事実を主張することをいう。

　法335条2項の主張に該当するかどうかにつき後記第4章第3（154頁）参照

【判例㉒】弁護人が被告事件の陳述において，「本件は，被告人の防御的行為からなされたものである。」と陳述しているほか，その最終弁論においても「本件は，正当防衛か過剰防衛とも考えられる。」と述べながら，右弁論の終りの部分で，「被告人は被害者が倒れると直ちに交番に自首し，被害者の救援を訴えている。これらの点は特に情状として勘案されたい。」と述べている場合には，裁判所としては弁護人に対し右の点について釈明を求め，法律上正当防衛ないし過剰防衛の主張を維持するものであるかどうかを明らかにすべきである。（東京高判昭46・10・26高刑集24巻4号653頁，判タ275号273頁

第 2 章　証拠構造論

第 1　要証事実

1　要証事実の意義

　　要証事実とは，証明の対象となる事実をいう。刑事訴訟における要証事実は起訴状に記載された公訴事実である。具体的には，被告人が犯人であること（犯人性），被告人が構成要件該当事実を行ったこと（客観面），被告人に故意や目的があったこと（主観面），被告人が〜の事実を知っていたこと（知情性），被告人と共犯者との間に共謀があること（共謀）などである。

2　要証事実の具体例

　　窃盗罪において，要証事実が被害事実である場合，まず甲号証で被害届の証拠調べ請求がなされ，これに不同意であれば，被害届と同一立証趣旨で被害者の証人尋問の請求がなされる。証人尋問終了後，被害届について証拠意見が不同意のままであれば，被害者の証人尋問によって被害事実の立証がなされたということで，被害届の証拠調べ請求は撤回されることが多い。

　　同様に，要証事実が犯行目撃状況である場合，まず甲号証で目撃者の員面調書等の証拠調べ請求がなされ，これに不同意であれば，員面調書等と同一立証趣旨で目撃者の証人尋問の請求がなされる。証人尋問終了後，目撃者の証人尋問によって犯行目撃状況の立証がなされたということで，員面調書等の証拠調べ請求は撤回されることになる。

要証事実 （立証趣旨）	立　証　方　法	
	争いのない事件	争いのある事件
被害事実	被　害　届　→	被害者の証人尋問
犯行目撃状況	目撃者の員面調書　→	目撃者の証人尋問

　　このため，争いのある事件では証拠の標目において，証人の供述を先に記載することもある。（第 1 編第 5 章第 4 の 4(2)，80頁）

第2　証拠の種類

　　後に述べる証拠構造（120頁）を考えるうえで重要な証拠の分類は，次のとおりである。

1　直接証拠と間接証拠

　　要証事実との関係による分類である。

（1）直接証拠

　ア　直接証拠の意義

　　　直接証拠とは，要証事実を直接証明するために用いる証拠である。

　　　ある要証事実について直接証拠がある場合，その信用性が認められれば，推認過程を経ることなく，要証事実を認定することができる。

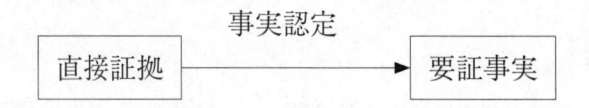

　イ　直接証拠の例

　　　直接証拠の例としては，被告人の自白，共犯者の自白，被害者の証言，目撃者の証言又はこれらの者の供述調書などがある。これらの例のように，直接証拠は，供述証拠であることが多い。

　　　非供述証拠の例としては，要証事実が犯人性である場合の防犯カメラの映像などがある。

（2）間接証拠

　ア　間接証拠の意義

　　　間接証拠（**情況証拠**）とは，要証事実を直接証明できないが，要証事実の存在を推認させる事実（間接事実）を証明するために用いる証拠である。

　　　ある要証事実について間接証拠しかない場合，その信用性が認められれば，推認過程を経て，要証事実を認定することができる。

　イ　間接証拠の例

　　　間接証拠の例としては，犯行現場に残された被告人の指紋や凶器，犯行

後に被告人から犯行告白を受けた者の証言又は供述調書などがある。

間接証拠は，非供述調書（物的証拠）であることも多い。供述証拠よりも誤りの入り込む余地の少ない物的証拠の方が，一般的に証明力が高いといえる。

また，いくつもの間接事実を経て要証事実を推認する場合よりも，間接事実から直ちに要証事実を推認する場合の方が，一般的に証明力が高い。

ウ　再間接証拠

間接事実の立証のためにさらに下位の間接事実（再間接事実）を立証するための証拠は，**再間接証拠**と呼ばれる。

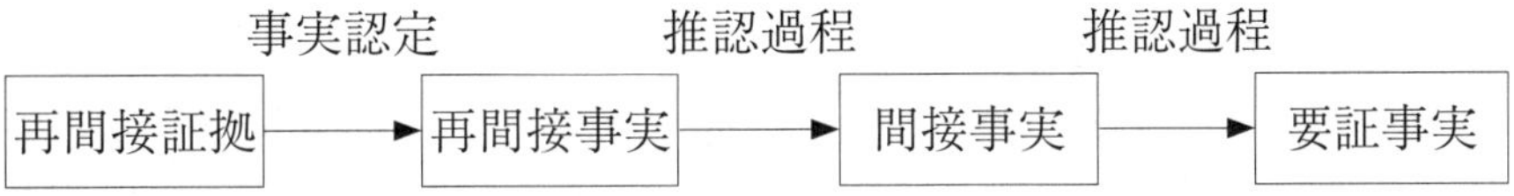

2　供述証拠と非供述証拠

人の言葉によるか否かの分類である。

(1)　供述証拠

ア　供述証拠の意義

供述証拠とは，言語又はこれに代わる動作によって表現された供述が証拠となるものである。例としては，供述調書や法廷証言がある。

イ　伝聞法則の適用

供述証拠は，知覚，記憶，表現の各段階において誤りが入り込む危険がある。そのため伝聞法則（後記131頁）の適用があり，原則として相手方の反対尋問にさらすなどして誤りの有無と程度を確かめた上でなければ，証拠とすることができない。

ウ　秘密の暴露

秘密の暴露とは，自白中に含まれるあらかじめ捜査官の知り得なかった事実で，その後の捜査の結果，客観的事実であると確認されたものをいう。

自白の信用性の高さを示す事項として，自白中に秘密の暴露があることが挙げられることがある。

【判例(73)】自白の信用性の判断について，その自白にいわゆる秘密の暴露があるわけでなく，それを裏付ける客観的証拠もほとんど見られず，かえって自白が真実を述べたものであればあってしかるべきと思われる証拠が発

見されていないうえ，一部とはいえ捜査官の誤導による可能性の高い明らかな虚偽の部分が含まれ，しかも，犯行事実の中核的な部分について変遷が見られるという幾多の問題点があるのに，漫然とその信用性を肯定した原審の判断過程には経験則に反する違法がある。（最1小判平12・2・7民集54巻2号255頁，判時1705号32頁，判タ1026号75頁）

(2)　非供述証拠

　ア　非供述証拠の意義

　　非供述証拠（物的証拠）とは，物の存在，状態などを証明するための供述証拠以外の証拠である。例としては，犯行に使用された凶器がある。

　イ　伝聞法則の不適用

　　非供述証拠は，前述の供述証拠におけるような誤りが入り込む危険を考慮する必要がない。そのため，伝聞法則は適用されず，要証事実との関連性（前記73頁）が認められれば，証拠とすることができる。

(3)　証明力についての傾向

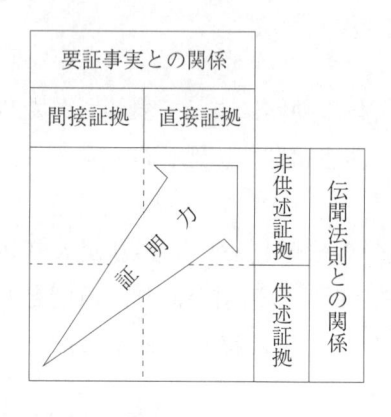

　　左の図はあくまでも，証明力についての一般的な傾向を示したものである。

　　証拠能力について，前述のとおり供述証拠には伝聞法則が適用されるが，非供述証拠には伝聞法則が適用されない。証明力について，非供述証拠（物的証拠）は供述証拠よりも証明力が高いとされる。

3　その他の分類

(1)　人的証拠と物的証拠

　　証拠方法の物理的性質による分類である。

　ア　人的証拠

　　人的証拠とは，証拠方法が生存している人間の場合である。

　イ　物的証拠

　　物的証拠とは，証拠方法が生存している人間以外の場合である。

(2)　人証，物証，書証

　　証拠調べの方式による分類である。

　ア　人証

人証とは，口頭で証拠を提出する証拠方法である。

人証の例として，証人，鑑定人，被告人がある。

　イ　物証

物証とは，その物の存在及び状態が証拠になる物体をいう。

物証の例として，犯行に使用された凶器がある。

　ウ　書証

書証とは，その記載内容が証拠となる書面をいう。

記載内容とともに，存在及び状態も証拠となる書面は，証拠物たる書面（52頁）である。

(3)　実質証拠と補助証拠

　ア　実質証拠

実質証拠とは，要証事実の存否の証明に向けられた証拠である。

　イ　補助証拠

補助証拠とは，実質証拠の証明力の強弱に影響を及ぼす事実（**補助事実**）を証明する証拠である。

補助証拠の例として，証人の能力，性格，経歴，供述経過，利害関係等は，証人の証言の証明力に関する補助事実であり，これらを証明する証拠が補助証拠である。

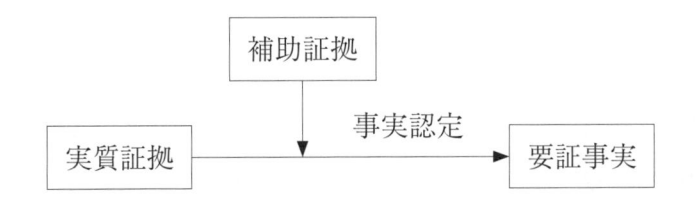

補助証拠は，証明力を弱める**弾劾証拠**，証明力を強める**増強証拠**，いったん弱められた証明力を回復する**回復証拠**に分けられる。

(4)　本証と反証

挙証責任との関係による分類である。

　ア　本証

本証とは，要証事実について挙証責任を負っている者が要証事実を証明するために提出する証拠をいう。

　イ　反証

反証とは，相手方が要証事実を否定するために提出する証拠をいう。

第3　証拠能力と証明力

1　証拠能力の意義

証拠能力とは，厳格な証明の資料として用いることができる証拠の法律上の資格である。すなわち，裁判官がその証拠に触れうるための最小限の要件をいう。

証拠能力の判断は論理的には常に証明力の判断に先立って行われることになる。

2　証明力の意義

証明力とは，裁判官が心証を形成しうるための要件である。すなわち，事実を推定させるための証拠の価値をいう。

第4　証拠構造論

1　証拠構造の意義

証拠構造とは，要証事実を証明すべきときに，複数存在する証拠をどのように組み合わせるのか，それぞれの証拠がどのような役割をするのかという証拠の全体構造のことである。

2　証拠構造の型

(1)　**直接証拠型**

　ア　直接証拠型の意義

　　要証事実について，直接証拠が存在する証拠構造である。

　イ　直接証拠型による事実認定

　　直接証拠に信用性が認められれば，推認を経ることなく，要証事実を直接認定することができる。

　　例えば，要証事実が被告人の犯人性である場合に，被害者や目撃者の供述，防犯カメラの映像などの直接証拠があれば，被告人が犯人であるという要証事実を直接認定することができる。

事実認定

直接証拠 → 要証事実

・被害者の供述　　　　　被告人の犯人性
・目撃者の供述
・防犯カメラの映像

ウ　直接証拠が供述証拠の場合

　　直接証拠が供述証拠の場合には，供述の信用性が問題となる。

　　被害者や目撃者の供述証拠の場合，被害者等の観察力や記憶力には個人差があるので，被害者等の年齢，視力，観察能力，犯人が既知の人物であるか，記憶の変容（一般的に，初期供述は後の供述よりも信用性が高い。）等が検討されなければならない。

(2)　**間接証拠型**

ア　間接証拠型の意義

　　要証事実について，直接証拠は存在せず，間接証拠が存在する証拠構造である。

　　要証事実について直接証拠が存在するが，その信用性が認められない場合も同様である。

イ　間接証拠型による事実認定

　　間接証拠から間接事実を認定し，推認過程を経て，要証事実を認定することになる。

　　例えば，要証事実が被告人の犯人性である場合に，犯行現場から被告人の指紋やＤＮＡ型が採取されたことを証明する鑑定結果が証拠（間接証拠）としてあれば，指紋やＤＮＡ型資料を現場に残した時点で，被告人が犯行現場にいた事実（間接事実）を認定することができ，その事実からは，他の機会に被告人の指紋やＤＮＡ型資料が現場に残されたことはないと認められる限り，被告人が犯人であるという要証事実を推認することができる。

　　また，要証事実が故意の場合，故意の存在は外見上認識できないため（77頁），被告人が故意を否認していれば直接証拠は存在しないから，間接証拠から推認過程を経て故意を認定しなければならない。

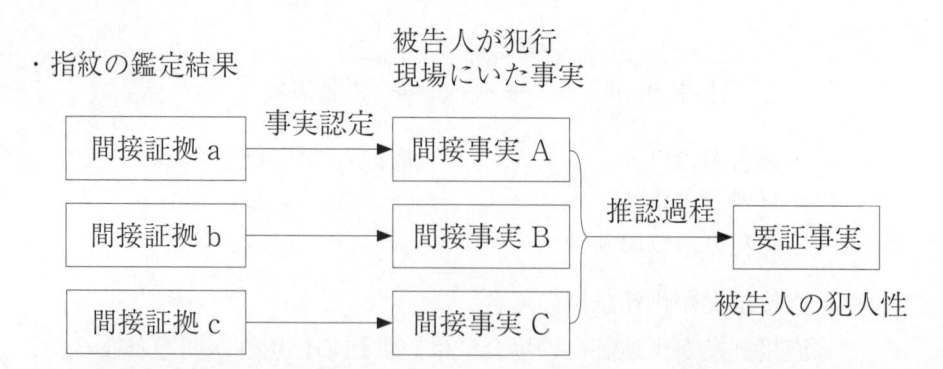

ウ　間接証拠が複数ある場合

　　ある要証事実に対して間接証拠が複数ある場合，個々の間接証拠は等価値で並列的に存在しているのではない。間接証拠の中で何が中心をなす証拠なのか，それを支える証拠は何かという観点から間接証拠全体の構造を把握しなければならない。

　㋐　中心をなす間接証拠がある場合

　　　間接証拠の中で中心をなす間接証拠があり，その間接証拠によって認定される間接事実（及びそれを支える他の間接事実）により要証事実を認定できる場合がある。

　㋑　中心をなす間接証拠がない場合

　　　間接証拠の中で中心をなす間接証拠がない場合には，複数の間接証拠によって認定される間接事実を組み合わせた総合的評価（75頁）により，要証事実を認定しなければならない。

エ　反対仮説の検討

　　要証事実の存在が，間接事実の存在により一応の仮説として成り立つ場合，**反対仮説**（間接事実の存在を前提としても，要証事実が存在しないという仮説）が成り立つ可能性が残らないかを検討してみる必要がある。（判例㉞74頁）

(3)　**複合証拠型**

ア　複合証拠型の意義

　　要証事実について，直接証拠と間接証拠の双方が複合的に存在する証拠構造である。

イ　複合証拠型による事実認定

　　例えば，要証事実が被告人の犯人性である場合に，直接証拠である被害者の供述に，間接証拠である指紋の鑑定結果等も加えて，被告人が犯人であるという要証事実を認定する。

・被害者の供述

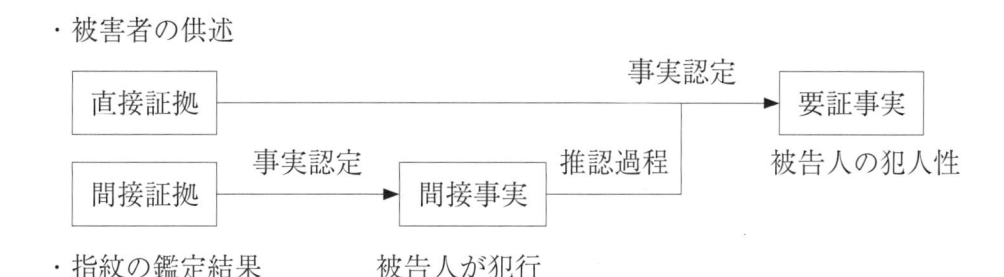

・指紋の鑑定結果　　　被告人が犯行
　　　　　　　　　　　現場にいた事実

ウ　複合的な各証拠の役割

　　直接証拠と間接証拠が複合的に存在する場合，各証拠の役割は一義的・固定的なものではない。

　　例えば，ある直接証拠を，要証事実を直接認定するために用いるのではなく，その直接証拠を，間接証拠や補助証拠として用いることがある。

　　また，要証事実について直接証拠が存在するがその信用性が認められない場合（前記(2)ア，121頁）には，間接事実として用いて，他の間接事実と合わせて要証事実の認定に用いられることもある。

3　証拠構造の具体例

　次の具体的な判決書をもとにして証拠構造を考えてみよう。

【起訴状例2】　　　　　　　　　　　　　　　平成〇〇年検第〇〇〇〇号

起　訴　状

平成〇〇年〇月〇日

東 京 簡 易 裁 判 所 殿

東 京 区 検 察 庁

検察官副検事　　〇　〇　〇　〇　（印）

下記被告事件につき公訴を提起する。

記

本　籍　　高松市（以下略）
住　居　　不　定
職　業　　無　職

勾留中　　　　　　〇　　〇　　〇　　〇

昭和〇〇年〇月〇日生

公　　訴　　事　　実

被告人は，平成23年12月28日午後4時20分頃，東京都世田谷区（以下略）所在の株式会社A薬局〇〇店において，同店店長B管理の風邪薬2箱（販売価格合計3150円）を窃取したものである。

罪　名　及　び　罰　条

窃　盗　　　　　　　　　　　　　　　刑法235条

【判決書例2】窃盗罪（公訴事実の否認，不法領得の意思））

平成24年7月24日宣告　　　　　　　　　　裁判所書記官　○　○　○　○

平成24年(ろ)第○○号

                              判　　　　決

　本　籍　高松市（以下略）

　住　居　不　定

　　　　　　　無　職

                              ○　　○　　○　　○

                              昭和○○年○月○日生

　上記の者に対する窃盗被告事件について，当裁判所は，検察官○○○○出席の上
審理し，次のとおり判決する。

                              主　　　　文

　　被告人を懲役1年に処する。

　　この裁判が確定した日から3年間その刑の執行を猶予する。

　　被告人をその猶予の期間中保護観察に付する。

                              理　　　　由

（罪となるべき事実）

　被告人は，平成23年12月28日午後4時20分頃，東京都世田谷区（以下略）所在の
株式会社A薬局○○店において，同店店長B管理の風邪薬2箱（販売価格合計3150
円）を窃取したものである。

（証拠の標目）

（括弧内の甲乙の番号は，証拠等関係カードに記載された検察官請求の証拠番号を
示す。）

　　　被告人の

　　　　当公判廷における供述

　　　　検察官に対する供述調書2通（乙4，5）

　　　　司法警察員に対する供述調書2通（乙2，3）

　　　証人C及び同Dの当公判廷における各供述

　　　司法巡査作成の実況見分調書（甲3，不同意部分を除く。）

　　　司法警察員作成の現場写真撮影報告書（甲17）

　　　C作成の被害届（甲2，不同意部分を除く。）

（法令の適用）

　被告人の判示所為は刑法235条に該当するところ，所定刑中懲役刑を選択し，
その所定刑期の範囲内で被告人を懲役1年に処し，情状により同法25条1項を適

用してこの裁判が確定した日から３年間その刑の執行を猶予し，なお，同法25条の２第１項前段を適用して被告人をその猶予の期間中保護観察に付し，訴訟費用は，刑事訴訟法181条１項ただし書を適用して被告人に負担させないこととする。

（事実認定の補足説明）

　弁護人は，被告人には窃盗の故意ないし不法領得の意思がない旨主張し，被告人も弁護人の主張におおむね沿う供述をする。前掲関係各証拠によれば，弁護人主張の点を含め，判示の犯罪事実を優に認めることができるが，所論にかんがみ，以下補足説明をする。

１　事実経過

　証人Ｃ及び同Ｄの当公判廷における供述その他前掲の関係各証拠によれば，以下の事実が認められる。

　被告人は，平成23年12月28日午後４時15分頃，友人の○○○○の自転車に二人乗りをして，東京都世田谷区（以下略）所在の株式会社Ａ薬局○○店（以下「店舗」という。）に着いた。被告人は，午後４時15分過ぎ頃，店舗に入った。被告人の服装は，カーキ色ジャンパーに青色ズボンであった。

　被告人は，入口右側一番奥の薬売り場に行き，その後，風邪薬が陳列してあるコーナーに移動した。被告人は，午後４時20分，風邪薬２箱を棚の奥から右手で手に取り，レジに背を向けるようにして，風邪薬をジャンパーの内側の左胸あたりに忍ばせた。被告人は，両手を両脇に垂らした状態で，風邪薬の代金の精算をすることなく，ガラス戸の出入口（以下「出入口」という。）から店舗の外に出た。店舗の外に出た被告人は，店頭及び店舗の外にある商品に目をやることなく，出入口の右方向の細い路地のところまで，７，８メートル歩いて行った。

　午後４時21分，被告人に続いて店舗の出入口を出た警備員のＣは，背を向けている被告人の肩をたたいて，「警備員ですけど，なぜ声をかけられたかわかりますか。」と聞いた。

２　証人の供述の信用性

　証人Ｃ及びＤの当公判廷における供述は，いずれも具体的であって，主要な部分で互いに符合しており，いずれの証人にもあえて虚偽の供述をする理由は見出し難いことから，各証人の供述の信用性は十分であると認められる。

３　窃盗の故意及び不法領得の意思

　被告人は，風邪薬２箱を，着ていた上着の内側に入れて，店舗内のレジで代金を支払うことなく店舗出入口から店舗外に出たものであるから，被告人がとった行動につき，合理的な理由がある等の特段の理由がない以上，上記の行動から，被告人には，窃盗の故意及び不法領得の意思があったものと認められる。

4　被告人の弁解の検討

　これに対して，未精算の商品を持ったまま店舗の外に出た理由について，被告人は，当初，「確かに商品を店外に持ち出したが，店外の商品を見てから精算しようとしたためであって，店の敷地外には出ていない。」と弁解し，その後「店を出るときは風邪薬の代金の精算を忘れていた。」と供述内容を変えている。

　被告人の弁解供述は，弁解の重要な部分につきその内容を変遷させているうえ，いずれも不合理な内容であり，信用することはできない。

5　結論

　以上によれば，弁護人の主張は理由がなく，被告人には，窃盗の故意及び不法領得の意思があったと認められ，被告人には窃盗罪が成立する。

（量刑の理由）

　本件は，被告人が，ドラッグストアで風邪薬2箱を窃取した事案であるが，犯行を否認するものである。また，被告人は，窃盗罪により，平成21年8月6日及び同22年2月26日の2度にわたって罰金刑に処せられていながら本件犯行を行ったものであり，被告人の刑事責任は軽くない。

　しかしながら，本件においては，被害額がそれほど多額とはいえないこと，被害品が還付されていること，被告人には罰金前科しかないこと，本件によって約7か月間身柄を拘束されていることなどの事情も認められる。そこで，被告人に対しては，主文の刑に処してその刑事責任を明らかにした上，その刑の執行を猶予するのが相当であると判断した。

　なお，被告人の今後の生活状況を改善するためには，保護観察に付し，保護観察所の適切な監督と指導が必要と思われるので，保護観察に付することとする。

（求刑・懲役1年　国選弁護人〇〇〇〇）

　平成24年7月24日

　　　　　　　東京簡易裁判所刑事第〇室

　　　　　　　　裁　判　官　　〇　　〇　　〇　　〇

証拠構造の検討

　(1)　窃盗罪の主観的要件

　　　窃盗罪の主観的要件としては，窃盗の故意及び不法領得の意思が必要であるとするのが判例・通説である。（不法領得の意思とは，権利者を排除して他人の物を自己の所有物としてその経済的用法に従い，これを利用もしくは処分する意思である。）

(2)　弁護人の主張

　　本件では，弁護人が，被告人には窃盗の故意または不法領得の意思がない旨主張している。

　　前記2(2)イ（121頁）のとおり，要証事実が故意の場合は，被告人が故意を否認していれば，直接証拠は存在しないから，間接証拠から推認過程を経て故意を認定しなければならない。

　　本件では，「被告人の行動」から窃盗の故意及び不法領得の意思を認定することになる。

(3)　証拠構造

ア　証人Cの供述

　　警備員である証人Cは，被告人が入店してから風邪薬を上着の内側に入れて（犯行）店舗外で逮捕されるまでの被告人の行動を目撃しており，証人Cの供述は，要証事実が「被告人の行動」についての直接証拠である。

　　また，証人Cの供述は，要証事実が「故意，不法領得の意思」についての間接証拠である。

イ　証人Dの供述

　　店員である証人Dは，被告人の犯行そのものは目撃していないが，犯行直後から被告人が店舗外で逮捕されるまでの被告人の行動を目撃しており，証人Dの供述は，要証事実が「犯行直後からの被告人の行動」についての直接証拠であるとともに，アの「被告人の行動」を要証事実とする証人Cの供述の信用性を高める補助証拠（増強証拠）でもある。

　　また，証人Dの供述は，要証事実が「故意，不法領得の意思」についての間接証拠である。

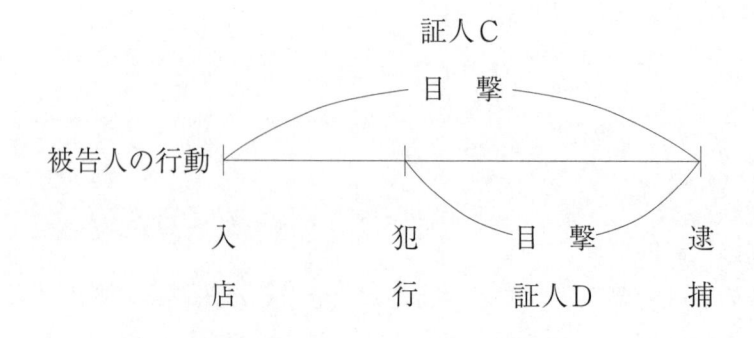

第3章　審理

第1　検察官の冒頭陳述
　　第1編第4章第2の1（36頁）のとおり

第2　検察官の証拠調べ請求

1　検察官の証拠調べ請求
　(1)　争いのない事件
　　　争いのない事件の場合は，第1編第4章第2の2（39頁）のとおり
　(2)　争いのある事件
　　　争いのある事件の場合，検察官は，まず甲号証の証拠調べ請求し，その取調べが終わった後で，乙号証の証拠調べ請求をすることになるが，争いのある事件でも，弁護人に異議がなければ，甲号証と乙号証を一括して証拠調べ請求をすることも行われている。

2　立証趣旨の追加（公訴事実の別の追加）
　(1)　書証，証人尋問の実施前の場合
　　　併合罪の関係にある複数の公訴事実のうち，証拠等関係カードの立証趣旨欄の「公訴事実の別」において，一部の公訴事実（例えば本起訴の公訴事実）に限定して取り調べた証拠を，他の公訴事実（追起訴の公訴事実）の認定に用いることは許されない（前記50頁）。
　　　書証の場合であれば，本起訴の公訴事実について同意書面として取り調べたとしても，同意の効力は，本起訴の公訴事実についてのみ及んでいるからである。
　　　このような場合には，立証趣旨の追加（公訴事実の別の追加）や再請求の方法によるべきである。
　　　証人尋問については，証人尋問実施前の追起訴事件の併合の場合であれば，改めて証人の採用決定をする必要はなく，立証趣旨の追加（公訴事実の別の追加）の形式で処理すべきことになる。
　　　本起訴事実の立証で採用されている証人につき，追起訴事実の立証のため立証趣旨の追加がされた場合の証拠等関係カード（続）の記載例

> 立証趣旨の追加（検察官請求証拠番号（人）１，２）
>
> 　　検察官
>
> 　　　（人）証拠番号１及び２の証人につき，平成24年５月15日付け公訴
>
> 　　　事実の立証のため，立証趣旨の追加（同公訴事実記載の犯行につい
>
> 　　　て，犯人を特定した経緯）を請求する。
>
> 　　弁護人
>
> 　　　異議がない。
>
> 　　裁判官
>
> 　　　上記許可決定

⑵　証人尋問の実施後の場合

　　本起訴事件の公訴事実について証人尋問が実施され，その後に追起訴事件の弁論併合があったときは，同証人の証言を追起訴事件の公訴事実についても証拠として用いるためには，立証趣旨の追加（公訴事実の別の追加）によることはできない。

　　検察官が，公判調書中の証言部分を書証として，追起訴事件について改めて証拠調請求をし，相手方の意見を聴いた上で証拠決定をし，これを取り調べる必要がある。

第3　証拠意見

1　証拠意見

　　第１編第４章第２の３（50頁）のとおり

　　一部同意はどのような場合にするか。争点を絞った迅速な審理という観点から裁判所によって推奨されてもいるが，調書全体について問題があるわけではなく，部分的に問題があるのが通常であるから（たとえば，実況見分調書中の指示説明部分，被害者や共犯者の供述調書中の被告人との関連部分など），その部分にかぎって不同意にすることにも十分な理由があり，弁護の立場に立っても一概に否定すべきものではない。検察官が不同意部分にかえてつねに証人申請するとはかぎらないことも，一部同意のメリットというべきであろう（「刑事弁護の技術」（上）309頁，第一法規出版）。

2　被告人の証拠意見

【判例㊹】被告人は全面的に公訴事実を否認し，弁護人のみがこれを認め，その

主張を完全に異にしている場合，弁護人に対してのみ検察官申請の書証の証拠調請求について意見を求め，被告人に対して同意の有無を確かめず，弁護人の異議がない旨の答弁だけで右書証を取り調べ，これを有罪認定の資料とすることは違法である。（最2小判昭27・12・19刑集6巻11号1329頁，判タ28号49頁）

被告人の証拠意見を確認した場合の証拠等関係カード（続）の記載例

検察官請求証拠に対する意見の確認（検察官請求証拠番号11ないし13）

裁判官

　証拠意見を同意又は異議なしと変更することについては，弁護人と被告人の間で十分に打合わせをした結果ですか。

弁護人

　そのとおりです。被告人と打合わせをした結果に基づく意見の変更です。

裁判官

　被告人もそれでいいですね。

被告人

　はい。

【判例㊖】被告人が公訴事実を否認するなどしているのに，弁護人がこれと異なる罪状認否の意見を陳述しているような場合などにおいて，裁判所が把握している被告人の弁解内容，証拠の立証趣旨等に照らし，弁護人が当該証拠に同意すれば，被告人の否認等の陳述を無意味にさせるような証拠については，裁判所が改めて被告人の意思を確認するための措置をとり，その確認が得られなければ，同意の効果が生じることはないと解される。（東京高判平18・4・13東高刑時報57巻1〜12号16頁）

第4　伝聞法則と例外

1　伝聞法則

(1)　伝聞証拠

　反対尋問を経ない供述証拠のことを**伝聞証拠**という。

(2)　伝聞法則

伝聞証拠は反対尋問によるチェックを経ておらず，誤りが含まれている危険があるので，証拠になし得ないという原則を**伝聞法則**という。

> 第321条乃至第328条に規定する場合を除いては，公判期日における供述に代えて書面を証拠とし，又は公判期日外における他の者の供述を内容とする供述を証拠とすることはできない。　　　　　　（法320条1項）

(3)　録音録画記録媒体

取調べ状況の録音録画記録媒体は，自白の任意性・信用性を判断するための補助証拠として用いられている。

取調べ状況の録音録画記録媒体を，実質証拠（119頁）として用いることについては，次の裁判例がある。

【判例㉖】検察官から実質証拠として取調べ請求がされた被告人の自白を内容とする取調べ状況の録音録画記録媒体について，自白の内容は被告人質問で明らかになっていること，争点については共犯者等の供述の信用性が判断の決め手であること，取調べ中の供述態度を見て供述の信用性を判断するのは容易とはいえないことを指摘して，取調べの必要性を否定して請求を却下した原審の証拠決定には合理性があるとし，取調べ状況の録音録画記録媒体を実質証拠として用いることには慎重な検討が必要であることに照らしても，同証拠決定が証拠の採否における裁判所の合理的な裁量を逸脱したものとは認められないとされた事例。（東京高判平28・8・10高刑集69巻1号4頁，判時2329号98頁，判タ1429号132頁）

2　伝聞法則の例外

伝聞法則も例外を許されないものではなく，①反対尋問に代わるほどの信用性の情況的保障があり（特信情況），かつ，②その証拠を用いる必要のある場合には（必要性），反対尋問がなされなくても伝聞証拠に証拠能力が認められる。

伝聞法則の例外については，法321条から327条までに規定されている。

3　伝聞法則の例外の書面

(1)　321条の書面（被告人以外の者の供述書面）

321条1項の要件は，①書面の供述者が死亡，精神若しくは身体の故障，所在不明若しくは国外にいるため公判準備若しくは公判期日において供述することができないこと（**供述不能**），②供述者が公判準備若しくは公判期日

において前の供述と異なった供述をしたこと（**相反性**），③書面中の供述が犯罪事実の証明に欠くことができないものであること（**不可欠性**），④書面中の供述を信用すべき特別の情況があること（**特信性**）の４つに整理することができる。

ア　１項１号書面（裁判官の面前調書）

> 　被告人以外の者が作成した供述書又はその者の供述を録取した書面で供述者の署名若しくは押印のあるものは，次に掲げる場合に限り，これを証拠とすることができる。
> 　一　裁判官の面前（第157条の６第１項及び第２項に規定する方法による場合を含む。）における供述を録取した書面については，その供述者が死亡，精神若しくは身体の故障，所在不明若しくは国外にいるため公判準備若しくは公判期日において供述することができないとき，又は供述者が公判準備若しくは公判期日において前の供述と異なつた供述をしたとき。　　　（法321条１項１号）

　１号書面の要件は，「①供述不能」又は「②相反性」である。

イ　１項２号書面（検察官の面前調書）

> 　二　検察官の面前における供述を録取した書面については，その供述者が死亡，精神若しくは身体の故障，所在不明若しくは国外にいるため公判準備若しくは公判期日において供述することができないとき，又は公判準備若しくは公判期日において前の供述と相反するか若しくは実質的に異なつた供述をしたとき。ただし，公判準備又は公判期日における供述よりも前の供述を信用すべき特別の情況の存するときに限る。　　　（法321条１項２号）

　２号書面の要件は，「①供述不能」又は，「②相反性＋④特信性」である。

(ア)　相反性の要件

　　検面調書の証拠能力を２号後段により認める要件としては，「相反するか又は実質的に異なった」供述をした場合でなければならない。

(イ)　検面調書の取調べ請求

　　検察官が，検面調書を321条１項２号後段書面として取調べ請求をする場合，供述の相反性（検面調書の記載と法廷証言の相反部分の対比表）及び特信性の存在について記載した証拠調べ請求書を提出する。

(ウ)　特信性の要件

　　検察官が特信性の存在を主張したのに対し，被告人・弁護人がこれを争わないときには，そのような態度に徴して特信性の存在を推認してよい場合が多いであろう。実務上，通常の場合，供述者に対する証人尋問の段階で，後に検察官の面前調書を2号後段により取調請求をする予定の下に，供述の相反性とともに検察官の面前調書の特信性についての立証活動が行われており，これにより特信性の存在についての判断が可能となる場合が多いが，この点に重要な争いがあるときには，改めて検察官は特信性の存在を立証趣旨として，取調官等の証人尋問請求を行い，その尋問の結果等によって立証するという方法がとられる。（大コン刑訴第7巻605頁）

(エ)　採用の範囲

　　供述の一部が相反している場合に，2号書面として採用することができるのは，検察官の面前調書全体か（無制限説），検察官の面前調書中の相反部分に限られるか（制限説）である。実務上，無制限説に立つ取扱いが多い。これは，相反部分を限定することが事実上困難であること，相反しない部分を証拠として採用しても実質的な弊害が生じないことなどから，実務上行われている取扱いである。（同巻599頁）

　　法321条1項2号後段によって，検察官面前調書に証拠能力を認めて証拠採用する場合，相反部分に限定せずに調書全体を証拠として採用しても違法ではないとする次の裁判例がある。

【判例㋷】法321条1項2号後段は，相反部分のあることを証拠能力取得の要件としているが，同条1項の規定全体を通して見ても，当該相反部分に限定してでなければ証拠能力を認めないとは定められておらず，相反部分を含む調書単位で証拠能力を認めた趣旨と解される。調書全体に証拠能力を認めることは，当該調書の証明力を判断する観点からも，適正な事実認定を行う観点からも，相当なものと解される。そして，相反部分以外について証拠能力を認めても，当該調書に定められた立証趣旨の範囲内での立証に用いる限りは不意打ち等の問題も生じないし，公判供述と相違のない部分も，そこに証拠能力を認めたことで格別の弊害は生じないと解される。（東京高判平17・6・15高検速報集平成17年140頁）

(オ)　検面調書の取調べの時期

　　検面調書の取調べの時期については，必ずしもその証人尋問期日に限られるものではない。

【判例㊲】刑訴法321条 1 項 2 号後段の調書の証拠調べを，その証人尋問期日の後の期日に行っても，憲法37条 2 項に違反しない。
　　　　（最 3 小判昭30・1・11刑集 9 巻 1 号14頁，判タ47号52頁）

ウ　1 項 3 号書面（司法警察員の面前調書等）

> 三　前 2 号に掲げる書面以外の書面については，供述者が死亡，精神若しくは身体の故障，所在不明又は国外にいるため公判準備又は公判期日において供述することができず，かつ，その供述が犯罪事実の存否の証明に欠くことができないものであるとき。ただし，その供述が特に信用すべき情況の下にされたものであるときに限る。　　　　　　　　　　　　　　　　　（法321条 1 項 3 号）

㋐　3 号書面
　　3 号書面に当たるものとして，司法警察員に対する供述調書，被害届，告発状，告訴状，捜査機関の作成した捜査報告書，現行犯人逮捕手続書等がある。

㋑　3 号書面の要件
　　3 号書面の要件は，「①供述不能＋③不可欠性＋④特信性」である。
　　3 号書面の証拠能力の要件が厳しいことから，実務上，法326条の同意が得られない場合に，1 項 3 号が適用されることはほとんどない。

エ　2 項書面

> 　被告人以外の者の公判準備若しくは公判期日における供述を録取した書面又は裁判所若しくは裁判官の検証の結果を記載した書面は，前項の規定にかかわらず，これを証拠とすることができる。
> 　　　　　　　　　　　　　　　　　　　　　　　　（法321条 2 項）

㋐　2 項前段書面
　　被告人以外の者の公判準備調書又は公判調書は，無条件で証拠能力が認められる。

㋑　2 項後段書面（裁判所の検証調書）
　　裁判所又は裁判官の検証調書は，伝聞法則の例外として，無条件で証

拠能力が認められる。

　オ　３項書面（捜査機関の検証調書）

> 　検察官，検察事務官又は司法警察職員の検証の結果を記載した書面は，その供述者が公判期日において証人として尋問を受け，その真正に作成されたものであることを供述したときは，第１項の規定にかかわらず，これを証拠とすることができる。　　　　　（法321条３項）

　捜査機関の検証調書は，伝聞法則の例外として，条件付きで証拠能力が認められる。

　㋐　**実況見分調書**

　　法321条３項の書面には，実況見分調書を含むとするのが判例・通説である。

【判例⑲】321条３項所定の書面には，捜査機関が任意処分として行う検証の結果を記載したいわゆる実況見分調書も包含する。（最１小判昭35・９・８刑集14巻11号1437頁，判時249号12頁）

　㋑　実況見分調書の証拠能力の要件

　　実況見分調書は，実況見分を行い調書を作成した者が，公判期日において証人として尋問を受け，その真正に作成されたものであることを供述したときは，証拠能力が認められる。

　　「真正に作成されたものであること」とは，間違いなく自己が作成したということ（**作成名義の真正**）と相当な方法により真摯に見分し，その結果を正しく記載したということ（**記載内容の真正**）をいう。調書に記載された内容が客観的状況と合致していること（見分内容の真実性）は，証拠能力の要件ではなく，信用性の問題である。

【判例⑳】刑訴法321条３項及び４項の検証調書又は鑑定書の作成の真正の立証は，本来は，同条項が規定しているとおり，作成者が公判期日において真正に作成したものであること，すなわち作成者が自ら作成したことと検証又は鑑定の結果を正しく記載したことを証言することによって行われるものであるが，その趣旨は，その点についての反対尋問の機会を付与するためのものであるから，書面の体裁等から作成名義人がその書面を作成したと認めることを疑わせる事情がなく，しかも，相手方当事

者が作成の真正を争わず，その点に関する作成者への反対尋問権を行使しない旨の意思を明示したような場合には，作成の真正が立証されたものとして扱うことが許される。（東京高判平18・6・13高刑集59巻2号1頁，判タ1229号350頁）

㈡　犯行再現実況見分調書

　　犯行再現実況見分調書（又は同様の写真撮影報告書）で，要証事実が再現されたとおりの犯罪事実の存在である場合の証拠能力の要件については，次の判例がある。

【判例㉛】捜査官が被害者や被疑者に被害・犯行状況を再現させた結果を記録した実況見分調書等で，実質上の要証事実が再現されたとおりの犯罪事実の存在であると解される書証が刑訴法326条の同意を得ずに証拠能力を具備するためには，同法321条3項所定の要件が満たされるほか，再現者の供述録取部分については，再現者が被告人以外の者である場合には同法321条1項2号ないし3号所定の要件が，再現者が被告人である場合には同法322条1項所定の要件が，写真部分については，署名押印の要件を除き供述録取部分と同様の要件が満たされる必要がある。（最2小決平17・9・27刑集59巻7号753頁，判時1910号154頁，判タ1192号182頁）

㈢　被害再現実況見分調書

　　被害者等が被害状況等を再現した結果を記録した捜査状況報告書を刑訴法321条1項3号所定の要件を満たさないのに同法321条3項のみにより採用した第1審の措置を是認した原判決に違法があるとされた事例がある。

【判例㉜】警察官が被害者及び目撃者に被害状況あるいは目撃状況を動作等を交えて再現させた結果を記録した捜査状況報告書は，実質においては，被害者や目撃者が再現したとおりの犯罪事実の存在が要証事実になるものであって，原判決が，刑訴法321条1項3号所定の要件を満たさないのに同法321条3項のみにより採用して取り調べた第1審の措置を是認したのは違法である。（最1小決平27・2・2裁判集刑316号133頁，判時2257号109頁，判タ1413号101頁）

カ　4項書面（鑑定書）

> 　鑑定の経過及び結果を記載した書面で鑑定人の作成したものについ
> ても，前項と同様である。　　　　　　　　　　　　　（法321条4項）

　捜査機関の嘱託に基づき作成された鑑定書（最1小判昭28・10・15刑集7巻10号1934頁，判タ35号46頁，通説）や医師の作成した診断書（最1小判昭32・7・25刑集11巻7号2025頁，実務）についても，法321条4項の準用がある。

(2)　322条の書面（被告人の供述書面）

ア　公判期日外の供述書面

> 　被告人が作成した供述書又は被告人の供述を録取した書面で被告人の署名若しくは押印のあるものは，その供述が被告人に不利益な事実の承認を内容とするものであるとき，又は特に信用すべき情況の下にされたものであるときに限り，これを証拠とすることができる。但し，被告人に不利益な事実の承認を内容とする書面は，その承認が自白でない場合においても，第319条の規定に準じ，任意にされたものでない疑があると認めるときは，これを証拠とすることができない。
>
> 　　　　　　　　　　　　　　　　　　　　　　　　　（法322条1項）

(ア)　不利益供述

　公判期日外の被告人の供述書面は，**不利益供述**であって，任意性が認められる場合に証拠能力が認められる。

　不利益な事実の承認とは，自白だけでなく，公訴事実の一部を認める供述，公訴事実に関する間接事実についての不利益供述，公訴事実の認定に関する証拠の証明力についての不利益供述，違法性阻却事由や責任阻却事由に関する事実についての不利益供述などがある。

　自白調書の任意性について後記(6)141頁。

(イ)　利益供述（(ア)以外の場合）

　利益供述については，被告人の供述書面は，特信情況が認められる場合に証拠能力が認められる。

イ　公判調書

> 　被告人の公判準備又は公判期日における供述を録取した書面は，その供述が任意にされたものであると認めるときに限り，これを証拠とすることができる。　　　　　　　　　　　　　　　　　　　　（法322条2項）

(3)　323条の書面（その他の書面）

> 　前3条に掲げる書面以外の書面は，次に掲げるものに限り，これを証拠とすることができる。
> 　一　戸籍謄本，公正証書謄本その他公務員（外国の公務員を含む。）がその職務上証明することができる事実についてその公務員の作成した書面
> 　二　商業帳簿，航海日誌その他業務の通常の過程において作成された書面
> 　三　前2号に掲げるものの外特に信用すべき情況の下に作成された書面　　　　　　　　　　　　　　　　　　　　　　　　　（法323条）

　法323条は，類型的に特に信用性が高いと判断される書面について証拠能力を付与した規定である。

ア　1号書面（**公務文書**）

　裁判例において，法323条1号に当たるとされたものとして，検察事務官作成にかかる被告人の前科調書がある。当たらないものとして，司法警察職員作成の捜査報告書（最2小決昭24・4・25裁判集刑9巻447頁），被害者作成の告訴状，交通事件原票，速度違反取締り実施結果報告書（東京高判昭48・12・19東高刑時報24巻12号179頁）がある。

イ　2号書面（**業務文書**）

　2号に当たるものとして，医師の診療録（カルテ），タクシーの運転日報，工事現場の作業日報がある。

【判例㊷】警察官が職務遂行に当たり行った前歴や交通違反歴の照会について記録した前歴照会履歴一覧表が，刑訴法323条2号にいう業務の通常の過程において作成された書面に当たるとされた事例。（東京高判平24・1・30東高刑時報63巻1～12号16頁，判タ1404号360頁）

ウ　3号書面（**特信文書**）

　裁判例において，3号に当たるとされたものとして，金融機関から捜査

官への捜査関係事項照会回答書（最2小決昭47・4・11裁判集刑184号27頁），別事件の公判調書，民事事件の口頭弁論調書，税務署長に対する確定申告書がある。

(4)　**合意書面**

> 　裁判所は，検察官及び被告人又は弁護人が合意の上，文書の内容又は公判期日に出頭すれば供述することが予想されるその供述の内容を書面に記載して提出したときは，その文書又は供述すべき者を取り調べないでも，その書面を証拠とすることができる。この場合においても，その書面の証明力を争うことを妨げない。　　　　　　　　　　（法327条）

　当事者双方が，文書の内容や証人等の供述の内容が分かっており，その内容をとりまとめた書面に証拠能力を与えることについて合意する場合には，これを取り調べることによって，文書それ自体や証人等の取調べを省き，訴訟の促進を図ることができる。

(5)　**証明力を争うための証拠**

> 　第321条乃至第324条の規定により証拠とすることができない書面又は供述であつても，公判準備又は公判期日における被告人，証人その他の者の供述の証明力を争うためには，これを証拠とすることができる。
> 　　　　　　　　　　　　　　　　　　　　　　　　　　　　　（法328条）

　ア　328条により許容される証拠

　　法328条により許容される証拠については，証拠の種類に限定はないとする非限定説もあったが，最高裁は，証人等が公判などで述べる供述と矛盾する供述を公判外でしている場合のその矛盾供述（**自己矛盾供述**）に限定されるとする**限定説**を採用した。

【判例⑭】刑訴法328条により許容される証拠は，信用性を争う供述をした者のそれと矛盾する内容の供述が，同人の供述書，供述を録取した書面（刑訴法が定める要件を満たすものに限る。），同人の供述を聞いたとする者の公判期日の供述又はこれらと同視し得る証拠の中に現れている部分に限られる。（最3小判平18・11・7刑集60巻9号561頁，判時1957号167頁，判タ1228号137頁）

　イ　証拠の請求

　本条の証拠の請求は，証明力を争う対象とされる証拠の取調べ後に，争う対象となる証拠，自己矛盾供述であることなどの弾劾の理由及び本条による請求であることを明示して行い，相手方の意見を聴取した上で，その採否を決定する。証拠請求に対し，相手方が攻撃防御の手段を検討し，意見を述べる機会を保障するために，299条1項により原則としてあらかじめ相手方に証拠を開示しておく必要がある。（大コン刑訴第7巻775頁）

(6) **自白調書の任意性**

> 　強制，拷問又は脅迫による自白，不当に長く抑留又は拘禁された後の自白その他任意にされたものでない疑のある自白は，これを証拠とすることができない。　　　　　　　　　　　　　　　　　　（法319条1項）

ア　任意性のない自白を排除する理由

　任意性のない自白が排除される理由については，次のような考え方がある。

(ア) **虚偽排除説**

　任意性のない自白は，虚偽を含む危険性があるから排除するとする。最高裁の判例（最大判昭26・8・1刑集5巻9号1684頁，最1小判昭57・1・28刑集36巻1号67頁等）の多くは，虚偽排除説によっているといわれている。

(イ) **人権擁護説**

　任意性のない自白は，黙秘権等の基本的人権を保障するため排除されるべきだとする。

(ウ) **違法排除説**

　任意性のない自白は，違法な手続により得られた結果として排除されるべきだとする。

イ　任意性の立証

　自白調書の任意性については，検察官が実質的挙証責任を負う。

　被告人側が自白調書の任意性を争う場合，まず被告人側にいかなる理由で任意性が疑われるのかを主張させ，被告人質問，取調官の証人尋問，取調べに関する資料（取調経過一覧表）などによって任意性の有無を判断することになる。（新実例刑訴Ⅲ138頁以下）

　実務上，任意性調査の方法としては，被告人質問・取調官の証人尋問を行うことが一般的であるが，任意性の判断をより迅速・的確に行うため，平成16年4月から，取調べ状況の記録に関する準則に基づき，身柄拘束の有無を問わず被疑者・被告人を取り調べたときは，「取調べ状況報告書」

の作成が義務化され，検察官は，取調状況の立証にあたっては，この報告書その他の資料を用いて迅速・的確な立証に努めなければならない（刑訴規198条の4）との努力義務が課せられた。（大コン刑訴第7巻558頁）

　　ウ　被告人質問の時期

　　　任意性の有無に関する被告人質問の時期については，甲号証の取調べが終わった段階で被告人質問を行い，取調官の証人尋問をすることが多い。（新実例刑訴Ⅲ147頁参照）

第5　証拠決定

1　証拠決定

第1編第4章第2の5（51頁）のとおり

2　提示命令

> 　証拠調の決定をするについて必要があると認めるときは，訴訟関係人に証拠書類又は証拠物の提示を命ずることができる。　　　　　　（規則192条）

　裁判所が証拠調べの決定をするについては，証拠書類又は証拠物の証拠能力の有無を判断する必要があり，そのために証拠書類等を閲覧することが必要になる場合があり，規則192条の**提示命令**はそのための規定である。

　例えば，裁判所が，供述調書の供述者の署名・押印の有無等を確認するために，供述調書の提示を検察官に命ずるような場合に用いられる。

　裁判所は，証拠調べの必要性を判断するためにも，提示命令を発することができる。

　提示命令に応じて提出された証拠については，裁判所は証拠の採否の決定をするのに必要な範囲において，閲覧をすることができる。

【判例85】本条は，裁判所が証拠調べの決定を適切にするために証拠書類・証拠物の提示を求める権限を規定したもので，常にその提示を求めなければ裁判所の訴訟指揮または釈明権の行使に欠けるところがあるとするものではない。（東京高判昭27・6・25高刑集5巻7号1099頁）

【判例86】証拠能力のない証拠を証拠調した違法のある場合，これを判決に証拠として掲げていない一事を以て直ちに右違法は判決に影響がないと解す

ることはできない。（最2小判昭30・8・26刑集9巻9号2049頁）

第6　証人尋問

1　証人尋問の順序

> 訴訟関係人がまず証人を尋問するときは，次の順序による。
> 一　証人の尋問を請求した者の尋問（主尋問）
> 二　相手方の尋問（反対尋問）
> 三　証人の尋問を請求した者の再度の尋問（再主尋問）
> （規則199条の2第1項）
> 訴訟関係人は，裁判長の許可を受けて，更に尋問することができる。
> （同第2項）

2　主尋問

> 主尋問は，立証すべき事項及びこれに関連する事項について行う。
> （規則199条の3第1項）
> 主尋問においては，証人の供述の証明力を争うために必要な事項についても尋問することができる。　　　　　　　　　　（同第2項）
> 主尋問においては，誘導尋問をしてはならない。ただし，次の場合には，誘導尋問をすることができる。
> 一　証人の身分，経歴，交友関係等で，実質的な尋問に入るに先だって明らかにする必要のある準備的な事項に関するとき。
> 二　訴訟関係人に争のないことが明らかな事項に関するとき。
> 三　証人の記憶が明らかでない事項についてその記憶を喚起するため必要があるとき。
> 四　証人が主尋問者に対して敵意又は反感を示すとき。
> 五　証人が証言を避けようとする事項に関するとき。
> 六　証人が前の供述と相反するか又は実質的に異なる供述をした場合において，その供述した事項に関するとき。
> 七　その他誘導尋問を必要とする特別の事情があるとき。（同第3項）
> 誘導尋問をするについては，書面の朗読その他証人の供述に不当な影響を及ぼすおそれのある方法を避けるように注意しなければならない。
> （同第4項）

> 裁判長は，誘導尋問を相当でないと認めるときは，これを制限すること
> ができる。　　　　　　　　　　　　　　　　　　　　　（同第5項）

(1)　誘導尋問

　　誘導尋問（leading question）とは，尋問者が希望し又は期待している答えを暗示する尋問をいう。「イエス」又は「ノー」の一言で答えることのできる尋問は，誘導尋問であるのが普通である。

　　誘導尋問は，主尋問及び再主尋問においては，原則として禁止されている。

(2)　誤導尋問

　　誤導尋問（misleading question）とは，争いのある事実又はいまだ供述に現れていない事実を存在するものと前提し又は仮定してする尋問である。

　　誤導尋問は，いかなる場合にも許されない。

	主尋問	反対尋問	再主尋問
誘導尋問	×	○	×
誤導尋問	×	×	×

3　反対尋問

(1)　反対尋問

> 　反対尋問は，主尋問に現われた事項及びこれに関連する事項並びに証人の供述の証明力を争うために必要な事項について行う。
> 　　　　　　　　　　　　　　　　　（規則199条の4第1項）
> 　反対尋問は，特段の事情のない限り，主尋問終了後直ちに行わなければならない。　　　　　　　　　　　　　　　　　（同第2項）
> 　反対尋問においては，必要があるときは，誘導尋問をすることができる。　　　　　　　　　　　　　　　　　　　（同第3項）
> 　裁判長は，誘導尋問を相当でないと認めるときは，これを制限することができる。　　　　　　　　　　　　　　　　（同第4項）

(2)　反対尋問の機会における新たな事項の尋問

> 　証人の尋問を請求した者の相手方は，裁判長の許可を受けたときは，反対尋問の機会に，自己の主張を支持する新たな事項についても尋問することができる。　　　　　　　　　　　　（規則199条の5第1項）
>
> 　前項の規定による尋問は，同項の事項についての主尋問とみなす。
> 　　　　　　　　　　　　　　　　　　　　　　　　　　　（同第2項）

(3)　供述の証明力を争うために必要な事項の尋問

> 　証人の供述の証明力を争うために必要な事項の尋問は，証人の観察，記憶又は表現の正確性等証言の信用性に関する事項及び証人の利害関係，偏見，予断等証人の信用性に関する事項について行う。ただし，みだりに証人の名誉を害する事項に及んではならない。（規則199条の6）

4　再主尋問

> 　再主尋問は，反対尋問に現われた事項及びこれに関連する事項について行う。　　　　　　　　　　　　　　　　　　（規則199条の7第1項）
>
> 　再主尋問については，主尋問の例による。　　　　　　　（同第2項）
>
> 　第199条の5の規定は，再主尋問の場合に準用する。　　　（同第3項）

5　書面等の提示

> 　訴訟関係人は，書面又は物に関しその成立，同一性その他これに準ずる事項について証人を尋問する場合において必要があるときは，その書面又は物を示すことができる。　　　　　　　　（規則199条の10第1項）
>
> 　前項の書面又は物が証拠調を終つたものでないときは，あらかじめ，相手方にこれを閲覧する機会を与えなければならない。ただし，相手方に異議がないときは，この限りでない。　　　　　　　　　　　（同第2項）
>
> 　訴訟関係人は，証人の記憶が明らかでない事項についてその記憶を喚起するため必要があるときは，裁判長の許可を受けて，書面（供述を録取した書面を除く。）又は物を示して尋問することができる。
> 　　　　　　　　　　　　　　　　　　　　　　（規則199条の11第1項）

　公判調書中の被告人供述調書に添付されたのみで証拠として取り調べられていない電子メールが独立の証拠又は被告人の供述の一部にならないとされた事

例がある。

【判例87】被告人質問において被告人に示され，公判調書中の被告人供述調書に添付されたが，これとは別に証拠として取り調べられていない本件の電子メールは，その存在及び記載が記載内容の真実性と離れて証拠価値を有するものであり，被告人に対してこれを示して質問をした手続に違法はなく，被告人がその同一性や真正な成立を確認したとしても，独立の証拠又は被告人の供述の一部となるものではない。（最３小決平25・２・26刑集67巻２号143頁，判時2181号158頁，判タ1387号100頁）

６　図面等の利用

訴訟関係人は，証人の供述を明確にするため必要があるときは，裁判長の許可を受けて，図面，写真，模型，装置等を利用して尋問することができる。（規則199条の12第１項）

被害者の証人尋問において，捜査段階で撮影された被害者による被害再現写真を示すことを許可した裁判所の措置に違法がないとされた事例がある。

【判例88】被害者の証人尋問において，検察官が，証人から被害状況等に関する具体的な供述が十分にされた後に，その供述を明確化するため，証拠として採用されていない捜査段階で撮影された被害者による被害再現写真を示すことを求めた場合において，写真の内容が既にされた供述と同趣旨のものであるときは，刑訴規則199条の12に基づきこれを許可した裁判所の措置に違法はない。証人に示した写真を刑訴規則49条に基づいて証人尋問調書に添付する措置について，当事者の同意は必要ではない。証人に示された被害再現写真が独立した証拠として採用されていなかったとしても，証人がその写真の内容を実質的に引用しながら証言した場合には，引用された限度において写真の内容は証言の一部となり，そのような証言全体を事実認定の用に供することができる。（最１小決平23・９・14刑集65巻６号949頁，判時2138号142頁，判タ1364号90頁）

７　証人尋問の方法

> 訴訟関係人は，証人を尋問するに当たつては，できる限り個別的かつ具体的で簡潔な尋問によらなければならない。　　（規則199条の13第1項）
>
> 訴訟関係人は，次に掲げる尋問をしてはならない。ただし，第二号から第四号までの尋問については，正当な理由がある場合は，この限りでない。
> 一　威嚇的又は侮辱的な尋問
> 二　すでにした尋問と重複する尋問
> 三　意見を求め又は議論にわたる尋問
> 四　証人が直接経験しなかつた事実についての尋問　　　（同第2項）

第7　証拠調べに関する異議

> 検察官，被告人又は弁護人は，証拠調に関し異議を申し立てることができる。　　　　　　　　　　　　　　　　　　（法309条1項）
>
> 検察官，被告人又は弁護人は，前項に規定する場合の外，裁判長の処分に対して異議を申し立てることができる。　　　（同条2項）
>
> 法第309条第1項の異議の申立は，法令の違反があること又は相当でないことを理由としてこれをすることができる。但し，証拠調に関する決定に対しては，相当でないことを理由としてこれをすることはできない。
> 　　　　　　　　　　　　　　　　　　　　　　　　（規則205条1項）
>
> 法第309条第2項の異議の申立は，法令の違反があることを理由とする場合に限りこれをすることができる。　　　　　　（同条2項）

1　異議申立の方式

> 異議の申立は，個々の行為，処分又は決定ごとに，簡潔にその理由を示して，直ちにしなければならない。　　　　　　（規則205条の2）

2　異議申立に対する決定

(1)　決定の時期

> 異議の申立については，遅滞なく決定をしなければならない。
> 　　　　　　　　　　　　　　　　　　　　　　　　（規則205条の3）

(2)　不適法な異議申立

> 　時機に遅れてされた異議の申立，訴訟を遅延させる目的のみでされたことの明らかな異議の申立，その他不適法な異議の申立は，決定で却下しなければならない。但し，時機に遅れてされた異議の申立については，その申し立てた事項が重要であつてこれに対する判断を示すことが相当であると認めるときは，時機に遅れたことを理由としてこれを却下してはならない。　　　　　　　　　　　　　　　　　　　（規則205条の4）

　不適法な異議の申立は，決定で却下する。

　ア　時機に遅れたもの

　イ　訴訟遅延の目的が明らかなもの

　ウ　簡潔に理由を示さないもの

　エ　重ねてするもの

　オ　以下の異議で不相当を理由とするもの

　　(ア)　証拠調べに関する決定

　　　　（例：証拠決定，証拠調の範囲・順序・方法を定める決定，証拠排除決定）

　　(イ)　裁判長の処分

　　　　（例：釈明権，冒頭手続における被告人の供述の制限，法廷警察権に関する処分）

(3)　適法な異議申立で理由がないとき

> 　異議の申立を理由がないと認めるときは，決定で棄却しなければならない。　　　　　　　　　　　　　　　　　　　　　　　（規則205条の5）

　適法な異議申立で理由がないものは，決定で棄却する。

　前記オ(ア)(イ)以外の異議

　　(ウ)　証拠調べ

　　　　（例：冒頭陳述，証拠調べの請求，証人尋問の制限，被告人質問の制限，書面を示しての尋問）

異議が認められない場合のまとめ

対象	具体例	申立の理由	
		法令違反	不相当
①証拠調べ 法309Ⅰ 規205Ⅰ	・冒頭陳述 ・証拠調べの請求 ・証人尋問の制限 ・被告人質問の制限	○ （棄却）	○ （棄却）
②証拠調べに 　関する決定 法309Ⅰ 規205Ⅰ但書	・証拠決定 ・証拠調べの範囲，順序， 　　　　方法を定める決定 ・証拠排除決定	○ （棄却）	× （却下）
③裁判長の処分 法309Ⅱ 規205Ⅱ	・釈明権 ・冒頭手続における 　　　被告人の供述の制限 ・法廷警察権に関する処分	○ （棄却）	× （却下）

○　異議の申立てをすることができるので，異議を認めない場合は棄却する。

×　異議の申立てをすることができないので，却下する。

(4)　適法な異議申立で理由があるとき

> 　異議の申立を理由があると認めるときは，異議を申し立てられた行為の中止，撤回，取消又は変更を命ずる等その申立に対応する決定をしなければならない。　　　　　　　　　　　　　　　（規則205条の６第１項）
>
> 　取り調べた証拠が証拠とすることができないものであることを理由とする異議の申立を理由があると認めるときは，その証拠の全部又は一部を排除する決定をしなければならない。　　　　　　　　　　（同第２項）

ア　申立に対応する決定

　　訴訟関係人が相手方の行為について異議を申し立てた場合，それが作為である場合には，その行為（例えば誘導尋問）の中止，撤回，変更等を命ずる決定をし，不作為である場合（例えば証拠調請求に際して立証趣旨が明らかにされていない場合）には，当該作為を命じる決定をすることになる（「刑事訴訟規則逐条解説」公判128頁，法曹会）。

イ　決定の必要がない場合

適法な異議申立で理由があるときでも，申立を受けた者が申立の趣旨に従い，質問を変更するなどして改めたときは，異議は目的を達したことにより撤回されたものと解してよいだろう。

３　重ねて異議を申し立てることの禁止

異議の申立について決定があつたときは，その決定で判断された事項については，重ねて異議を申し立てることはできない。（規則206条）

第８　身柄拘束の長期化

法定刑が罰金以下であるような軽微な事件については，被告人の身柄拘束の不必要な長期化を避けるために，第１回公判期日を早期に指定したり，保釈を活用する等の配慮が必要である。

やむを得ない事情で身柄拘束が長引いた場合には，未決勾留日数の本刑算入において配慮すべきである。

【判例⑧⑨】法定刑の軽微な事件（改正前の迷惑防止条例違反事件）について身柄拘束の不必要な長期化を避けるための配慮が十分であったとはいえないとされた事例。（最２小決平14・６・５裁判集刑281号517頁，判時1786号160頁，判タ1091号221頁）

第９　公判手続の停止

１　公判手続の停止

公判手続の停止とは，被告人が心神喪失の状態にあるときや，被告人が病気のため出頭できないときなど，法定の事由がある場合に，審理の手続を停止することである。

> 　被告人が心神喪失の状態に在るときは，検察官及び弁護人の意見を聴き，決定で，その状態の続いている間公判手続を停止しなければならない。
> 　　　　　　　　　　　　　　　　　　　　　　　　（法314条 1 項本文）
> 　被告人が病気のため出頭することができないときは，検察官及び弁護人の意見を聴き，決定で，出頭することができるまで公判手続を停止しなければならない。但し，第284条及び第285条の規定により代理人を出頭させた場合は，この限りでない。
> 　　　　　　　　　　　　　　　　　　　　　　　　　　　（同条 2 項）

2　公判手続の停止と公訴棄却

　被告人に訴訟能力がないために公判手続が停止された後，訴訟能力の回復の見込みがないと判断される場合，裁判所は，判決で公訴を棄却することができる。

【判例⑳】被告人に訴訟能力がないために公判手続が停止された後，訴訟能力の回復の見込みがなく公判手続の再開の可能性がないと判断される場合，裁判所は，刑訴法338条 4 号に準じて，判決で公訴を棄却することができると解するのが相当である。（最 1 小判平28・12・19刑集70巻 8 号865頁，判時2369号125頁，判タ1448号66頁）

第4章　判決書

第1　証拠の標目

1　挙示すべき証拠の範囲
第1編第5章第4の1(5)ア（75頁）のとおり
(1)　被告人の否認調書等
犯行を否認した被告人の公判廷の供述・捜査官に対する供述調書などであっても，その中に有罪認定の重要な間接事実となるものが含まれている場合には，証拠として掲げるべきである（起案の手引35頁）。
(2)　挙示すべきでない証拠
自白の任意性又は法321条1項の要件の存在を認める資料とした証拠等証拠能力を判断する資料となった証拠，法328条の証拠，証拠の証明力を裏付け又は強めた証拠（増強証拠，119頁）は，挙示すべきではない。

2　一部不同意の証拠
証拠のうち，一部が不同意で撤回されている場合には，不同意部分を除外することを明示しなければならない。（第1編第5章第4の1(5)エ，76頁）

これに対し，証拠の一部に信用できない部分があっても，その部分を除くことは記載する必要がない。

第2　事実認定の補足説明

1　固い事実
事実認定の手法についていえば，当該争点に関して，当事者間に争いがなかったり，確実な裏付け証拠によって支えられた証拠に基づいて認定されたりした，いわゆる**固い事実**をまず認定し，それを基軸として他の情況証拠をも総合して認定していくという手法は，当該証拠関係からそういった手法をとることが可能であれば，それによることが望ましい。（実践的認定69頁）

2　前科証拠による立証
(1)　悪性格の証拠

被告人の犯罪事実を立証するために，被告人の**悪性格**，とりわけ同種前科や類似した犯罪事実を示す証拠を提出することは，原則として許されない。

ただし，故意や知情のような主観的要素については，その認識内容を証明するものとして，同種前科によって立証することが許される。

【判例91】詐欺の故意のごとき主観的要素は，犯罪の客観的要素が他の証拠によって認められる事案においては，被告人の同種前科の内容によって認定しても違法ではない。（最３小決昭41・11・22刑集20巻９号1035頁，判時467号65頁，判タ200号135頁）

(2)　被告人と犯人の同一性の証明に用いる場合

前科証拠を犯罪事実の立証に用いることは原則として許容されない。前科証拠や他の犯罪事実を，被告人と犯人の同一性の証明に用いることが許されるのも，ごく例外的な場合である。

【判例92】前科証拠は，自然的関連性があることに加え，証明しようとする事実について，実証的根拠の乏しい人格評価によって誤った事実認定に至るおそれがないと認められるときに証拠能力が肯定され，前科証拠を被告人と犯人の同一性の証明に用いる場合は，前科に係る犯罪事実が顕著な特徴を有し，かつ，それが起訴に係る犯罪事実と相当程度類似することから，それ自体で両者の犯人が同一であることを合理的に推認させるようなものであるときに証拠能力が肯定される。（最２小判平24・９・７刑集66巻９号907頁，判時2164号45頁，判タ1382号85頁）

前科に係る犯罪事実や前科以外の他の犯罪事実を被告人と犯人の同一性の間接事実とすることは，これらの犯罪事実が顕著な特徴を有し，かつ，その特徴が証明対象の犯罪事実と相当程度類似していない限りは，許されない。

【判例93】前科に係る犯罪事実や被告人の他の犯罪事実を被告人と犯人の同一性の間接事実とすることは，これらの犯罪事実が顕著な特徴を有し，かつ，その特徴が証明対象の犯罪事実と相当程度類似していない限りは，被告人に対してこれらの犯罪事実と同種の犯罪を行う犯罪性向があるという実証的根拠に乏しい人格評価を加え，これをもとに犯人が被告人であるという合理性に乏しい推論をすることに等しく，許されないという

べきである。（最 1 小決平25・ 2 ・20刑集67巻 2 号 1 頁，判時2180号
142頁，判タ1387号104頁）

3　不利益推認の禁止

　黙秘権の効果として，黙秘したことから被告人に不利益な事実の存在，たと
えば，被告人が犯人であることなどを推認することは，許されないと解されて
いる（**不利益推認の禁止**）。不利益推認を許すと被告人としては供述せざるを
得ない立場になり，黙秘権の趣旨を没却するからであるというのがその理由で
ある。

　しかし，たとえば，窃盗罪において，被告人が盗品を窃盗被害の発生と近接
した日時・場所で所持していた事実が明らかであるのに，盗品入手の経緯を黙
秘していたような場合には，盗品の近接所持という間接事実から被告人の犯人
性を推認させる作用（事実上の推定）をくつがえすことができないため，黙秘
の態度が結果的には不利益に扱われることになるが，それは，黙秘権を侵害し
たことにはならないと考えられる。（事実認定入門43頁）

【判例㊾】被告人の黙秘・供述拒否の態度を 1 個の情況証拠として扱うことは，
　　　　　それはまさに被告人に黙秘権・供述拒否権が与えられている趣旨を実質
　　　　　的に没却することになる。（札幌高判平14・ 3 ・19判時1803号147頁，判
　　　　　タ1095号287頁）

4　心証のなだれ現象

　例えば，被告人が犯人性を否定する根拠として一貫して主張してきたアリバ
イが，実際は，被告人の虚偽供述に基づく偽りの事実であったということが積
極的に立証された場合がある。そういった場合に，被告人が積極的に嘘のアリ
バイ主張をしていたことを基軸として，他の争点に関しても，被告人の供述の
信用性を否定的に判断するといったことを指して，**心証のなだれ現象**といわれ
ることがある。

　確かに，被告人が虚偽のアリバイ供述をしたことが判明すれば，それと密接
に関連する部分も虚偽ではないかとの疑いが生じるのは当然である。しかし，
虚偽部分以外の供述部分の信用性を直ちに全て否定してしまうといったことを
するのには，問題がある。（実践的認定58頁）

第 3　法335条 2 項の主張に対する判断

> 　　法律上犯罪の成立を妨げる理由又は刑の加重減免の理由となる事実が主張されたときは，これに対する判断を示さなければならない。
>
> 　　　　　　　　　　　　　　　　　　　　　　　　　　　　（法335条2項）

1　法律上犯罪の成立を妨げる理由となる事実の主張

(1)　該当するもの

　ア　正当行為（刑法35条）

　イ　正当争議行為（労働組合法1条2項本文，東京高判昭57・5・26）

　ウ　正当防衛（刑法36条1項）

　エ　特別防衛（盗犯等の防止及び処分に関する法律1条）

　オ　緊急避難（刑法37条1項本文，札幌高判昭26・1・12）

　カ　自救行為（最決昭46・7・30）

　キ　心神喪失者（刑法39条1項，最判昭24・1・20，通説）

　ク　刑事未成年者（刑法41条）

　ケ　期待可能性の不存在（東京高判昭52・1・31）

　コ　賭博罪における娯楽性（刑法185条ただし書，東京高判昭49・2・15，通説）

　サ　名誉毀損罪における真実性（刑法230条の2，通説）

　シ　各種特別刑法犯における法定の除外事由（銃砲刀剣類所持等取締法3条1項等）

(2)　該当しないもの

　ア　犯罪構成要件に該当する事実の全部又は一部の単純な否認

　イ　犯意の否認（最判昭24・5・17）

　ウ　過失の否認（大判昭4・4・13）

　エ　訴訟条件欠如の主張

　　(ア)　公訴時効完成の主張（大判昭11・3・9）

　　(イ)　告訴・告発の不存在（大判昭13・3・11）

2　法律上刑の加重減免の理由となる事実の主張

(1)　該当するもの

　ア　累犯（刑法56条）

　イ　中止未遂（同法43条ただし書，大判大14・7・1）

　ウ　心神耗弱者（同法39条2項，大判大14・3・14）

エ　内乱罪等の自首（同法80条，93条ただし書）

オ　親族間の犯罪に関する特例等（同法244条1項等，最判昭23・12・27）

(2)　該当しないもの

ア　過剰防衛（最判昭26・4・10），過剰避難（最判昭25・6・27），誤想防衛（大判昭2・12・12），自首（最決昭32・7・18）等

イ　従犯（刑法63条，最判昭26・3・15）

第５章　罪名別の検討

はじめに

全簡易裁判所における公判事件（終局人員）を罪名別にみると，平成２９年司法統計年報（第２７表）によれば，窃盗罪が約８２パーセント，傷害罪が約4パーセント，住居侵入罪が約3パーセント，道路交通法違反の罪が約2パーセントとなっており，窃盗罪が大多数を占めている。

第１　窃盗罪

> 他人の財物を窃取した者は，窃盗の罪とし，10年以下の懲役又は50万円以下の罰金に処する。　（刑法235条）

1　着手時期及び既遂時期

(1)　着手時期

判例は，一般に，窃盗の現場において，客体に対する物色行為を始めることによって窃盗罪の実行の着手が認められると解している。

ア　住居侵入窃盗

【判例(95)】窃盗の目的で夜間他人の店舗内に侵入し，所携の懐中電灯で真っ暗な店内を照らしたところ，電気器具類が積んであることがわかったが，なるべく現金を盗りたいので現金が置いてあると思われる店内煙草売場の方に行きかけたとの事実があれば，窃盗罪の実行の着手が認められる。（最２小決昭40・３・９刑集19巻２号69頁，判時407号63頁，判タ175号150頁）

土蔵や倉庫のように内部に財物しかない場所では，物色の段階ではなく，侵入しようとする行為そのものを窃盗罪の実行の着手と考えることができる。

イ　すり窃盗

【判例⑯】　被害者のズボンの尻ポケットから現金をすり取ろうとして，ポケット
　　　　に手をさしのべ，その外側に触れた以上，窃盗罪の実行の着手がある。
　　　　（最1小決昭29・5・6刑集8巻5号634頁）

　　　ただし，金品の存在を確かめるためポケットの外側に触れるあたり行為
　　は，窃盗罪の実行の着手に至っていないと解されている。

　　ウ　車上荒らし窃盗

【判例⑰】　自動車内から金員を窃取する目的で，車両のドアを開ける行為の開始
　　　　時点で，窃盗罪の実行の着手といってよい。（東京地判平2・11・15判
　　　　時1373号145頁）

（2）　既遂時期

　　窃盗罪の既遂時期については，接触説，取得説，移転説，隠匿説の4つの
　考え方があるが，財物の占有を取得したとき，すなわち他人の占有を排し
　て，財物を自己（又は第三者）の占有に移したときに既遂になるとする取得
　説が，判例・通説である。

　　ア　自己の事実的支配

【判例⑱】　不法領得の意思を以て，事実上他人の支配内に存する財物を自己の支
　　　　配内に移したときは，必ずしも犯人がこれを自由に処分し得べき安全な
　　　　位置に置かなくても，窃盗罪は既遂となる。（最2小判昭23・10・23刑
　　　　集2巻11号1396頁）

　　イ　スーパーの万引

【判例⑲】　スーパーのレジで代金を支払わずに，その外側に商品を持ち出した時
　　　　点で，商品の占有は被告人に帰属し，窃盗は既遂に達する。（東京高判
　　　　平4・10・28東高刑時報43巻1〜12号59頁，判タ823号252頁）

（3）　窃盗罪の成立範囲
　　ア　パチスロメダルの体感器による不正取得

【判例⑩】専らメダルの不正取得を目的として体感器と称する電子機器を使用する意図のもとにこれを身体に装着してパチスロ機で遊技する行為は，同機器がパチスロ機に直接には不正の工作ないし影響を与えないものであっても，窃盗罪の実行行為にあたる。体感器を身体に装着してパチスロ機で遊技し取得したメダルについては，それが同機器の操作の結果取得されたものであるか否かを問わず，そのすべてについて窃盗罪が成立する。（最2小決平19・4・13刑集61巻3号340頁，判時1982号160頁，判タ1251号163頁）

　　イ　パチスロメダルの針金による不正取得

【判例⑩】パチスロ店内で，パチスロ機に針金を差し込んで誤動作させるなどの方法によりメダルを窃取した者の共同正犯である者が，上記犯行を隠ぺいする目的をもって，その隣のパチスロ機において，自ら通常の方法により遊技していた場合，この通常の遊技方法により取得したメダルについては，窃盗罪は成立しない。パチスロ機の下皿内に窃取したメダルが入っており，ドル箱内に窃取したものと窃取したものとはいえないものとが混在したメダルが入っている事実関係の下においては，窃盗罪が成立する範囲は，下皿内のメダルのほか，ドル箱内のメダルの一部にとどまる。（最1小決平21・6・29刑集63巻5号461頁，判時2071号159頁，判タ1318号112頁）

2　近接所持の法則

　被告人が，窃盗被害発生の日時及び場所に近接して，被害品を所持又は処分した事実があるにもかかわらず，その入手経路に関して合理的な説明をなし得ず，又は虚偽の弁解をしているときは，被告人がその窃盗犯人である蓋然性が極めて高いとの経験則を，**近接所持の法則**という。事実上の推定の典型例である。（刑事事実認定（下）92頁，事実認定入門126頁，実践的認定92頁，刑事裁判書集（上）392頁）

【判例⑩】窃盗の事実認定について窃盗のあった日時場所に近接した時点においてその盗難物品を所持している者があってその物品の入手経路その他これに附随する事項についてその者の弁解を認めるべき合理的な根拠を欠き，その弁解に信をおき難いときにはその者を窃盗犯人と推認

することも妨げない。（東京高判昭29・6・17東高刑時報5巻6号241頁，判タ41号43頁）

　　所持の日時場所が近接していない場合等は，窃盗犯人と推認されないこともある。

【判例⑩】被害発生後約8か月後に被告人が被害品を自宅で所持していた場合，見知らぬ者から盗品を買い受けたり，貰い受けたりすること等があり得るし，そのことを容易に立証し得ない場合があるので，氏名不詳の男から腕時計を買い受けたという被告人の弁解を信用できないという事情は，窃盗の事実を認定する情況証拠としては十分ではない。（福岡高判平4・7・16判タ799号254頁）

3　罪となるべき事実

　　未遂の場合には，実行の着手に該当する事実を具体的に記載しなければならない。（起案の手引30頁）

【判例⑩】窃盗未遂罪の事実を判示するに当たっては，実行の着手があったことを示す具体的事実を記載しなければならない。一審の判示に「窃取しようとした」とあるだけで，被告人が具体的にどのような行為をしたのかを読み取ることはできない場合，被告人が窃盗罪の実行に着手したのかどうかも判文上不明である。（東京高判平20・5・20高検速報平成20年96頁）

4　選択刑としての罰金刑

【判例⑩】平成18年法律第36号により窃盗罪の法定刑は「10年以下の懲役」から「10年以下の懲役又は50万円以下の罰金」に変更されたが，上記法改正の内容をみると，懲役刑の刑期には変更が加えられておらず，選択刑として50万円以下の罰金が追加されたにとどまるところ，その改正の趣旨は，従来，法定刑が懲役刑に限られていた窃盗罪について，罰金刑の選択を可能として，比較的軽微な事案に対しても適正な科刑の実現を図ることにあり，これまで懲役刑が科されてきた事案の処理に広く影響を与えることを意図するものとは解されない。（最3小決平18・10・10刑集60巻8号523頁，判時1952号175頁，判タ1227号193

頁）

　　窃盗罪等に罰金刑を導入した趣旨につき，法務当局は，窃盗罪等につき寛刑化を図ったものではなく，従来から，相当の処罰が必要と認識されていながら，いきなり自由刑を科すのは酷であるということで，やむなく起訴猶予にしてきたものを罰金刑で処断することにした，つまり，罰金刑の適用によって処罰範囲をむしろ拡大したというのである。それゆえ，旧法下で，自由刑が相当な窃盗罪等に関する事案は，新法施行後も自由刑が選択されるべきであり，これまで起訴猶予とされてきた事案の一部が罰金刑になるにすぎないと説明している（判例解説平成18年度365頁）。

5　窃盗症

(1)　窃盗症（クレプトマニア）

　ア　窃盗症の意義

　　窃盗症（**クレプトマニア**，Kleptomania）は，衝動制御の障害とされている。

　　窃盗症の特徴は，個人的に用いるためでもなく，または金銭的価値のためでもないのに，物を盗もうとする衝動に抵抗できなくなり，それが繰り返されることである。

　イ　窃盗症の診断基準

　　窃盗症の診断基準については，以下の文献がある。

　　・「ＤＳＭ－５精神疾患の分類と診断の手引き」（日本精神神経学会・医学書院）213頁

　　・「ＤＳＭ－５精神疾患の診断・統計マニュアル」（同上・医学書院）469頁

　　・「ＩＣＤ－10精神および行動の障害」新訂版（医学書院）223頁

　ウ　窃盗症と責任能力

　　窃盗症は，前記のとおり，衝動制御の障害であるから，弁識能力（後記(3)ア，162頁）ではなく，行動制御能力への影響が問題となる。

　　被告人が窃盗症の診断を受けている場合であっても，そのことだけで被告人の行動制御能力（さらには責任能力）に影響を与えていると評価することは相当ではなく，具体的な状況からみて，精神疾患が被告人の行動制御能力に影響を与えたかどうかを，事案ごとに判断しなければならない。

エ　窃盗症と量刑

(ア)　犯情事実となる場合

　　窃盗症により行動制御能力が減退している場合には，犯情事実（前記102頁）となる場合がある。

(イ)　一般情状事実となる場合

　　行動制御能力が減退していない場合には，犯情事実にはならないが，被告人の病院での治療実績等が，一般情状事実（前記102頁）としての，更生に向けた努力として評価できる場合がある。

(2)　摂食障害による万引き

　　窃盗症は，摂食障害と併存することがある。

【判例⑩⑥】摂食障害（神経性過食症）に罹患している被告人が執行猶予期間中に犯した3件の食料品の万引き窃盗事件について，摂食障害の影響により心神耗弱の状態にあったとの鑑定人等の意見を採用せず，完全責任能力を認めたが，犯行の動機形成について摂食障害の寄与が大きく，治療の必要性があり，被告人が治療に真剣に取り組む姿勢を示している等の情状を考慮して，被告人を実刑に処した原判決を破棄し，保護観察付執行猶予とした事例。（東京高判平22・10・28東高刑時報61巻1～12号257頁，判タ1377号249頁）

(3)　責任能力の判断

ア　心神喪失と心神耗弱

> 心神喪失者の行為は，罰しない。　　　　　　　　（刑法39条1項）
> 心神耗弱者の行為は，その刑を減軽する。　　　　　（同条2項）

　　刑法39条にいう**心神喪失**とは，精神の障害により事物の理非善悪を弁識する能力（**弁識能力**）がなく，又はこの弁識に従って行動する能力（**制御能力**）がない状態を，**心神耗弱**とは，精神の障害がいまだ上記の能力を欠如する程度に達しないが，その能力を著しく減退した状態を指すというのが判例（大判昭6・12・3刑集10巻682頁）である。

　　このうち，精神障害を生物学的要素と，弁識能力・制御能力を心理学的要素とよんでいる。

イ　責任能力と鑑定

　　心神喪失又は心神耗弱に該当するかどうかは法律判断であって，専ら裁判所に委ねられるべき問題であることはもとより，その前提となる生物学的，心理学的要素についても，上記法律判断との関係で究極的には裁判所の評価に委ねられるべき問題である。

【判例⑩】被告人の精神状態が刑法39条にいう心神喪失又は心神耗弱に該当するかどうかは法律判断であって専ら裁判所に委ねられるべき問題である。上記法律判断の前提となる生物学的，心理学的要素についても，上記法律判断との関係で究極的には裁判所の評価に委ねられるべき問題である。（最3小決昭58・9・13裁判集刑232号95頁，判時1100号156頁，判タ513号168頁）

　　責任能力判断の前提となる精神障害の有無及び程度並びにこれが心理学的要素に与えた影響の有無及び程度について，精神医学者の意見が鑑定等として証拠となっている場合における裁判所の判断の在り方について，次の事例判例がある。

【判例⑩】責任能力判断の前提となる生物学的要素である精神障害の有無及び程度並びにこれが心理学的要素に与えた影響の有無及び程度について，専門家たる精神医学者の意見が鑑定等として証拠となっている場合には，鑑定人の公正さや能力に疑いが生じたり，鑑定の前提条件に問題があったりするなど，これを採用し得ない合理的な事情が認められるのでない限り，裁判所はその意見を十分に尊重して認定すべきである。（最2小判平20・4・25刑集62巻5号1559頁，判時2013号156頁，判タ1274号84頁）

6　占有離脱物横領罪との区別

> 遺失物，漂流物その他占有を離れた他人の物を横領した者は，1年以下の懲役又は10万円以下の罰金若しくは科料に処する。　　　　（刑法254条）

　　被害者の現実的握持から離れた財物を領得した行為が，窃盗罪に当たるか占有離脱物横領罪に当たるかが問題となる。被害者が意識して特定の場所に置いた場合と，公衆が自由に出入りする場所に置き忘れた場合があるが，後者では前者に比して被害者の占有継続が認められる範囲が限定される傾向にある。次の決定は，置き忘れの事例である。

【判例⑩】被害者が公園のベンチ上にポシェットを置き忘れたまま，約27メートル離れた場所まで歩いて行った時点で，これを領得して現金を抜き取った場合には，被害者のポシェットに対する占有はなお失われておらず，窃盗罪が成立する。（最3小決平16・8・25刑集58巻6号515頁，判時1873号167頁，判タ1163号166頁）

第2　公務執行妨害罪

> 公務員が職務を執行するに当たり，これに対して暴行又は脅迫を加えた者は，3年以下の懲役若しくは禁錮又は50万円以下の罰金に処する。
>
> （刑法95条1項）

1　公務

刑法95条1項の職務については，強制的性質をもつものであることを要せず，公務の全てを含む。

【判例⑩】刑法95条1項にいう職務には，広く公務員が取り扱う各種各様の事務の全てが含まれる。（最1小判昭53・6・29刑集32巻4号816頁，判時889号15頁，判タ366号185頁）

【判例⑪】刑法95条1項の職務には，強制力を行使する権力的な公務はもとより，強制力を行使する権力的公務でない公務も含まれる。地方公共団体の厚生部生活課課長補佐が従事していた行旅困窮者に対する援護指導等も公務執行妨害罪の対象となる。（広島高判平14・11・5高検速報集平成14年154頁，判時1819号158頁）

2　みなし公務員

(1)　みなし公務員規定

本来の公務員ではないが，特別法において，公団の役職員等その職務の性質に鑑み，刑法その他の罰則については公務員とみなす旨のみなし公務員規定が設けられている場合がある。

(2)　放置車両の確認事務の委託

警察署長は，放置車両の確認等に関する事務の全部又は一部を，公安

委員会の登録を受けた法人に委託することができる（道路交通法51条の8第1項）。

　確認事務に従事する放置車両確認機関の職員は，刑法その他の罰則の適用に関しては，法令により公務に従事する職員とみなす（同法51条の12第7項）。

　契約書においては，警視総監等と法人との間で委託契約が締結されていることもあるが，確認事務の委託は，警察署長から法人になされるものである。

　【判決書例5】公務執行妨害罪（188頁）参照

3　罪数

公務執行妨害罪の保護法益は，公務員ではなく公務である。したがって，その罪数は，公務員の数ではなく公務の数を標準として決せられる。

第3　過失運転致死傷罪

> 自動車の運転上必要な注意を怠り，よって人を死傷させた者は，7年以下の懲役若しくは禁錮又は100万円以下の罰金に処する。
>
> （自動車運転死傷行為処罰法5条本文）

1　過失運転致死傷罪における過失

過失は，いわゆる開かれた構成要件である。**開かれた構成要件**とは，構成要件要素が抽象的にしか記述されておらず，その具体的内容については，裁判官が検察官の主張立証に基づき補充することを必要とする構成要件である。

過失運転致死傷罪の過失を特定する方法としては，次のような考え方がある。

(1)　**過失段階説**（直近過失一個説）

　事故に対して，直近唯一の落ち度のみを過失運転致死傷罪の過失とすべきであるとする。

　事故発生という結果から，その原因となった落ち度を因果の系列を遡って探し求め，その過程の中で因果の系列上，流れを変えた事故に直近の落ち度のみが過失であるとするものである。

(2)　**過失併存説**

　結果に向けられた数個の不注意は，すべて過失行為として理解すべきであるとする。

運転者の過失を整理するという意味において過失段階説は有用であるが，直近過失が必ずしも結果発生への寄与が大きいとは限らないことから，裁判実務の多くは過失併存説の考え方によっている。

2　信頼の原則

信頼の原則とは，被告人が公訴事実記載の行為をするにあたり，被害者又は第三者が適切な行動をすることを信頼するのが相当な場合には，たとえ被告人の行為と被害者らの不適切な行動が相まって結果が発生したとしても，それに対しては責任を負わないとする原則をいう。

自動車事故との関係では，「車両の運転者は，特別の事情がない限り，他の交通関与者が，交通法規を守り，自車との衝突を回避するため適切な行動に出ることを信頼して運転すれば足りるのであって，他の交通関与者が交通法規に違反した行動や交通上不適切な態度に出るであろうことまで予想して安全を確認すべき注意義務はない。」とされている。

ただし，被害者らの不適切な行動を信頼することが相当でないなど，特別な事情が存する場合には，信頼の原則は適用されない。被害者が，事理弁別能力に乏しい泥酔者，幼児及び老人の場合等である。

次の判例は，最高裁において初めて信頼の原則を採用したとされるものである。

【判例⑫】自動車運転者としては，あえて交通法規に違反し，自車の前面を突破しようとする車両のありうることまで予見すべき注意義務がない。（最3小判昭41・12・20刑集20巻10号1212頁，判時467号16頁，判タ200号139頁）

【判例⑬】左右の見通しがきかない交差点で交差道路から暴走してきた車両と衝突した際，被害車が一時停止や徐行をせずに高速度で進入するとは予想しがたい状況からして，交差点の手前で減速し安全確認をすることで衝突を回避できたといえない以上，業務上過失致死傷罪は成立しない。（最2小判平15・1・24裁判集刑283号241頁，判時1806号157頁，判タ1110号134頁）

次の判例は，自己の対面信号の表示を根拠に対向車線の対面信号の表示を判断し，対向車がこれに従うと信頼すること（**見えない信号に対する信頼**）は許されないと判示した。

【判例⑭】自動車運転者が，時差式信号機の設置された交差点を右折進行するに当たり，時差式信号機であることの表示がなかったとしても，自己の対面する信号機の表示を根拠として，対向車両の対面信号の表示を判断し，それに基づき対向車両の運転者がこれに従って運転すると信頼することは許されない。（最 3 小決平16・ 7 ・13刑集58巻 5 号360頁，判時1877号152頁，判タ1167号146頁）

3　道路交通法違反と過失運転致死傷罪

　運転者が道路交通法違反を犯している場合，道路交通法違反が過失運転致死傷罪の注意義務違反の内容となることが少なくないが，常に一致するわけではないので，注意を要する。

⑴　道路交通法が定める義務

　道路交通法の目的を達成するための一般的な義務であって，具体的な交通事故の結果と結びつきがあるとは限らない。

⑵　過失運転致死傷罪の注意義務

　具体的な交通事故の結果を回避するために守るべき義務であって，具体的な結果との結びつきがある。

⑶　具体的な事例における検討

　信号機がなく，一時停止標識がある交差点において

ア　一時停止位置で安全確認ができる場合の注意義務は，「同交差点手前の停止位置で一時停止し，左右道路の交通の安全を確認して進行すべき」注意義務であり，道路交通法違反（同法43条の一時停止義務違反）が，過失運転致死傷の結果と結びつく注意義務違反の内容となる。

イ　一時停止位置では安全確認ができない場合の注意義務は，「同交差点内の左右の見通しのきく地点で停止して，左右道路の交通の安全を確認して進行すべき」注意義務であり，その義務を怠ったことが，過失運転致死傷の結果と結びつく注意義務違反の内容となる。

　交差点手前の停止位置で一時停止したかどうかは，過失運転致死傷の結果とは結びつかず，前提状況にすぎないのである。

4　罪となるべき事実

　傷害罪においては，傷害の部位・程度を明らかにしなければならない。傷害の程度を表すためには加療期間を判示するのが例である（起案の手引105

頁）。

【判例⑮】業務上過失傷害罪のように，人の身体に傷害を与えることが構成要件の不可欠な要素となっている犯罪においては，罪となるべき事実として傷害の具体的な部位および傷病名を摘示することが必要である。関係証拠によれば，「頸椎捻挫，右肩上肢打撲の傷害」と記載されるべきであったのに，単に「全治1週間を要する傷害」を負わせたとのみ判示し，傷害の具体的内容を何ら摘示していないのは違法である。

（東京高判平4・5・28東高刑時報43巻1〜12号25頁，判夕794号282頁）

【判決書例8】業務上過失傷害罪（200頁）参照

第4　道路交通法違反

1　速度違反の罪

> 車両は，道路標識等によりその最高速度が指定されている道路においてはその最高速度を，その他の道路においては政令で定める最高速度をこえる速度で進行してはならない。　　　　　　　　　　（道路交通法22条1項）
> 法第22条第1項の政令で定める最高速度のうち，自動車及び原動機付自転車が高速自動車国道の本線車道以外の道路を通行する場合の最高速度は，自動車にあつては60キロメートル毎時，原動機付自転車にあつては30キロメートル毎時とする。　　　　　　　　　　（道路交通法施行令11条）

(1)　速度の測定方法

車両の速度違反検挙に用いられる走行速度の測定方法としては，次のものがある。

ア　固定式測定

道路の一定の場所に設置した測定装置により，自動的に車両の走行速度を計測する。センサー式（オービスⅢ，ＲＶＳ）とレーダー式がある。オービスⅢ，ＲＶＳでは，速度測定記録写真が用いられる。

イ　定置式測定

自記式の車両走行速度測定装置を道路の適宜の場所において走行中の車両の速度を測定する。光電式（日本無線株式会社製）とレーダー式がある。

ウ　追尾式測定

　　速度違反をしていると思われる車両を追い上げて車間距離をつめ，被追
　尾車両との車間距離を一定に保つように，速度を被追尾車両に合わせて調
　整し，一定の距離を追尾して，この間の走行速度を測定し，測定終了の
　際，測定用メーターの針を固定する方法で行う。

【判例⑯】速度測定結果の正確性について，何ら証拠調べを行わず，検察官に
　　釈明を求めたり追加立証を促すなどすることなく，プラス誤差が生
　　じないことの証明が十分でないとした原判決を，審理を尽くさず事
　　実を誤認した疑いがあるとして破棄差し戻した事例。（最 1 小判平
　　19・4・23裁判集刑291号639頁）

(2)　速度違反の罪の補強証拠
　　第 1 編第 5 章第 4 の 3(3)（79頁）のとおり

2　無免許運転の罪

　　自動車及び原動機付自転車を運転しようとする者は，公安委員会の運転
　免許を受けなければならない。　　　　　　　　　　（道路交通法84条 1 項）
　　何人も，第84条第 1 項の規定による公安委員会の運転免許を受けない
　で，自動車又は原動機付自転車を運転してはならない。　　（同法64条 1 項）

(1)　運転免許の効力発生時期
　　運転免許の効力発生時期は，現実に運転免許証を受け取ったときであ
　る。

【判例⑰】道路交通法は，「免許は，運転免許証を交付して行う。」と規定し
　　ているので，自動車の運転資格は，自動車運転試験に合格したのみで
　　は足らず，運転免許は運転免許証の交付があったときに初めてその効
　　力を生ずる。（最 3 小決昭33・10・21刑集12巻14号3361頁，判時172号
　　33頁）

(2)　無免許運転の罪の補強証拠
　　第 1 編第 5 章第 4 の 3(2)（78頁）のとおり

【判例⑱】警察官が被告人から事情を聴取して作成した捜査報告書と警察官が

被告人から指示説明を受けるなどして作成した実況見分調書は，いずれも被告人の自白を基にして作成されたものであって，被告人の運転行為についての補強証拠となり得ない。（東京高判平22・11・22東高刑時報61巻1〜12号305頁，判タ1364号253頁）

(3)　無免許運転と過失運転致死傷罪

　　運転免許を必要とする車両を免許を受けないで運転し，過失によって人を死傷させた場合には，自動車運転死傷行為処罰法5条の無免許過失運転致死傷罪が成立する。

【判例⑲】　自動車運転免許一時停止処分を受けていて法令に定められた運転資格がない場合においても自己所有の自動三輪車を運転し，自己の不注意により他人を死に致した者は，業務上過失致死の罪責を免れない。
　　　　　　（最1小決昭32・4・11刑集11巻4号1360頁）

3　酒気帯び運転の罪

> 何人も，酒気を帯びて車両等を運転してはならない。
>
> 　　　　　　　　　　　　　　　　　　　　（道路交通法65条1項）
> 　　法第117条の2の2第3号の政令で定める身体に保有するアルコールの程度は，血液1ミリリットルにつき0.3ミリグラム又は呼気1リットルにつき0.15ミリグラムとする。　　　　　（道路交通法施行令44条の3）

(1)　呼気検査

　　呼気検査については，「北川式飲酒検知器」と呼ばれる酩酊検知器が広く用いられている。その使用方法は，①口腔中の残存アルコールの可能性を除去するために被検査者にうがいをさせ，②風船に呼気1リットルを吹き込ませて採取し，③アルコール検知管の両端を切断して，その呼気送入口に風船の口を挿入するとともに，他の一端を呼気採取器に取り付け，呼気をアルコール検知管内を通過させ終えてから，④アルコール検知管の着色度を飲酒検知管濃度比色表と比較して，被検査者の体中アルコール保有程度を測定している。

　　さらに，上記検査の状況，結果及び被検査者の状態に関する見分状況等を酒気帯び鑑識カードに記載する。

(2)　酒気帯び運転の罪の補強証拠

第1編第5章第4の3⑷（79頁）のとおり

　酒気帯びの事実について，補強証拠として酒気帯び鑑識カードがあれば，アルコール検知管そのものは不可欠の補強証拠ではない。

　酒気帯びの事実についての証拠としては，酒気帯び鑑識カードが請求されて，アルコール検知管は請求されないことが多い。

【判例⑳】「酒酔い鑑識カード」のうち「化学判定欄」および被疑者の言語・動作・酒臭・外貌・態度等の外部的状態に関する記載のある欄は，いずれも刑訴法321条3項の司法警察職員の「検証の結果を記載した書面」にあたり，被疑者との問答の記載のある欄ならびに「事故事件の場合」の題下の「飲酒日時」および「飲酒動機」の両欄の記載は，いずれも321条1項3号の書面にあたる。（最2小判昭47・6・2刑集26巻5号317頁，判時668号29頁，判タ277号129頁）

4　報告義務違反の罪

> 　交通事故があつたときは，当該交通事故に係る車両等の運転者その他の乗務員は，直ちに車両等の運転を停止して，負傷者を救護し，道路における危険を防止する等必要な措置を講じなければならない。この場合において，当該車両等の運転者は，警察官が現場にいるときは当該警察官に，警察官が現場にいないときは直ちに最寄りの警察署の警察官に当該交通事故が発生した日時及び場所，当該交通事故における死傷者の数及び負傷者の負傷の程度並びに損壊した物及びその損壊の程度，当該交通事故に係る車両等の積載物並びに当該交通事故について講じた措置を報告しなければならない。　　　　　　　　　　　　　　　　　　（道路交通法72条1項）

報告義務違反の罪の補強証拠

　道路交通法の報告義務違反の罪においては，交通事故の報告をしなかったという事実についても捜査報告書等の補強証拠が必要であり，判決書の証拠の標目にもこれを掲げておかなければならない。

【判例⑳】道路交通法所定の報告義務違反の犯罪事実を認定するにあたっては，交通事故があったことのみならず，「報告をしなかった」という事実についても，被告人の自白のほかに，補強証拠が存在することを要する。（大阪高判平2・10・24高刑集43巻3号180頁）

第 6 章　判決書例

【判決書例3】 器物損壊罪（訴訟条件欠如の主張，告訴の不存在）判例秘書登載
　【判示事項】 被告人は，交通上のトラブルから，路上を走行中の他人所有の自動
　　　　　　車の左側面部を足蹴りにして凹損させたという器物損壊被告事件
　　　　　　で，弁護人は，本件は親告罪であるが，告訴の事実がないとして
　　　　　　争った事案。裁判所は，警察が，告訴期間内に告訴状を徴せず告訴
　　　　　　調書も作成しなかった処理は著しく適正を欠いたものであるが，本
　　　　　　件事件発生日に告訴権者から司法警察員に対し，口頭による告訴が
　　　　　　行われたことが認められるとして，刑法261条により，被告人に罰
　　　　　　金を言い渡した事例

平成24年10月2日宣告　　　　　　　　　　　　　裁判所書記官　○　○　○　○
平成24年㈛第○○○号
　　　　　　　　　　　　　　　判　　　決
　本　籍　東京都江戸川区（以下略）
　住　居　川崎市宮前区（以下略）
　　　　システムエンジニア

　　　　　　　　　　　　○　　　○　　　○　　　○
　　　　　　　　　　　　昭和○○年○○月○○日生
　上記の者に対する器物損壊被告事件について，当裁判所は，検察官○○○○及び
同○○○○出席の上審理し，次のとおり判決する。
　　　　　　　　　　　　　　　主　　　文
　被告人を罰金15万円に処する。
　その罰金を完納することができないときは，金5000円を1日に換算した期間被
告人を労役場に留置する。
　　　　　　　　　　　　　　　理　　　由
（罪となるべき事実）
　被告人は，平成23年5月26日午前9時頃，東京都中野区（以下略）先路上におい
て，同所を走行中のA所有の普通乗用自動車の左側面を足蹴にして凹損させ（被害
見積額15万3258円），もって他人の物を損壊したものである。
（証拠の標目）
（括弧内の甲乙の番号は，証拠等関係カードに記載された検察官請求の証拠番号を
示す。）
　　　　被告人の

　　当公判廷における供述

　　検察官に対する供述調書（乙3）

　　司法警察員に対する供述調書（乙2）

　Aの司法警察員に対する供述調書（甲3）

　Bの司法警察員に対する供述調書（甲10）

　司法警察員作成の実況見分調書（甲11）及び訂正報告書（甲12）

　A作成の被害届（甲1）

　C自動車工業株式会社作成の見積書（甲8）

（弁護人の主張に対する判断）

　1　弁護人の主張

　　弁護人は，本件は器物損壊罪であり，親告罪とされているが，本件におい
て，被告人に対する告訴の事実が認められない旨主張する。

　　そこで，本件公訴提起の時点において，Aを被害者とする器物損壊の事実に
ついて，告訴が存在したと認められるかを検討する。

　2　告訴の存在について

　　器物損壊罪は親告罪であって，告訴がなければ公訴を提起することができな
い（刑法264条）。

　　本件においては，告訴の存在に関する証拠として，Aの検察官調書
（甲4），Dの検察官調書（甲5）及びEの検察官調書（甲6）が請求され取
り調べられている。これらの関係証拠によれば，次の事実が認められる。

　　平成23年5月26日午前9時頃，東京都中野区（以下略）先路上（以下「現
場」という。）において，被告人が，交通上のトラブルから，A所有に係る
普通乗用自動車（登録番号練馬○○○ね○○○○，以下「本件自動車」とい
う。）の左側面を足蹴にして凹損させたという器物損壊事件（以下「本件事
件」という。）が発生した。

　　本件事件が発生した直後である同日午前9時3分頃，Aの妻から通信指令本
部に110番通報が入った。これにより，中野警察署地域第三係のF巡査部長と
G巡査長が現場に臨場した。その際，Aは，臨場した司法警察員であるF巡査
部長らに対し，被告人が本件自動車を蹴って傷をつけたことについて被告人を
訴えると申し出た。

　　その後，Aは，一旦仕事の都合で現場を離れたが，同日午後，中野警察署を
訪れ，応対した司法警察員であるH巡査部長に対し，「車を蹴られたので訴え
たい。被害届を出したい。」と申し出た。

　　本件においては，告訴期間内に，告訴状又は告訴調書そのものは作成されて

いない。しかしながら，上記認定の事実によれば，本件事件が発生した平成23
年5月26日に，告訴権者であるAにより，中野警察署の司法警察員に対し，犯
罪事実を申告して犯人の処罰を求める意思が明確に表示されており，実質上口
頭による告訴が行われたものと認めることができる。

3　その後の手続経過

　関係証拠により認められるその後の手続経過は，以下のとおりである。

　本件事件の日である平成23年5月26日に，告訴権者であるAは，犯人が被
告人であることを知っており，同日から告訴期間の6箇月（刑事訴訟法235
条1項本文）が進行を開始した。

　同月28日，Aは，C自動車工業株式会社に，本件自動車の修理の見積書（見
積額15万4308円，ただし，写真代1050円を含む金額である。）を作成しても
らった。

　同年6月1日，中野警察署において，D刑事課課長代理（当時），E巡査
外1名により，Aが持ち込んだ本件自動車の実況見分が行われた。Aは，この
実況見分の際にも，被告人に対する処罰を希望していた。

　同月3日，中野警察署において，H巡査部長が，Aの事情聴取を行った。A
は，H巡査部長に対し，被告人を処罰して欲しいので早く刑事課に扱ってもら
いたいと申し立てた。

　同年7月6日，中野警察署において，E巡査がAの事情聴取を行い，供述調
書を作成した。Aは，E巡査に，被告人に対する処罰を希望する旨述べた。同
日，Aは，中野警察署長宛に，本件事件の被害届を提出し，受理された。

　同月8日，本件事件の目撃者であるBの事情聴取が行われ，供述調書が作成
された。

　同年11月28日，本件事件の告訴期間が満了日を迎えた（11月26日が土曜日で
あるため，11月28日が満了日となる。）。

　本件事件の告訴期間を徒過した同年12月14日頃，中野警察署のI警部補が，
本件事件の告訴状が受理されていないことに気付いた。

　同月17日頃，I警部補が，Aに電話で，被告人を処罰するためには告訴状が
必要であることを伝えた。

　Aが犯人を知った日から約7箇月が経過した平成24年1月4日，Aが作成し
た告訴状が受理された。

　以上のとおり，Aは，本件事件当日である平成23年5月26日から，司法警察
員に対し，一貫して犯人である被告人の処罰を求める意思を表示していたもの
であるが，犯人が当初から判明していたにもかかわらず，警察の処理として，

告訴期間内に，告訴状を徴することも告訴調書が作成されることもなかった。刑事訴訟法241条は，告訴の存在を告訴状又は告訴調書によって明確にしておくことを要求する趣旨であると解されるから，警察の本件における親告罪の処理は，著しく適正を欠いたものであったと言わざるを得ない。

4　結論

前記2において検討したとおり，本件事件が発生した平成23年5月26日に，告訴権者であるAによって，司法警察員に対し，口頭による告訴が行われたものと認めることができる。

したがって，本件の公訴提起の時点において，本件器物損壊罪の訴因について，告訴の効力を認めることができるから，弁護人の主張は採用しない。

（法令の適用）

被告人の判示所為は刑法261条に該当するところ，所定刑中罰金刑を選択し，その所定金額の範囲内で被告人を罰金15万円に処し，その罰金を完納することができないときは，同法18条により金5000円を1日に換算した期間被告人を労役場に留置することとし，訴訟費用は，刑事訴訟法181条1項ただし書を適用して被告人に負担させないこととする。

よって，主文のとおり判決する。

（求刑・罰金15万円　国選弁護人〇〇〇〇）

平成24年10月2日

東京簡易裁判所刑事第〇室

裁　判　官　　〇　　〇　　〇　　〇

平成○○年検第○○○○号

起　訴　状

平成○○年○月○日

東 京 簡 易 裁 判 所 殿

東 京 区 検 察 庁
検察官副検事　○　○　○　○　（印）

下記被告事件につき公訴を提起する。

記

本　籍　　東京都墨田区（以下略）
住　居　　東京都江戸川区（以下略）
職　業　　印鑑・名刺販売業

勾留中　　　　○　　○　　○　　○
昭和○○年○月○日生

公　　訴　　事　　実

　被告人は，金品窃取の目的で，平成24年1月10日午後3時11分頃，医療法人財団A医療財団A整形外科内科病院院長Bが看守する東京都江戸川区（以下略）所在の同病院地下1階2番更衣室に，無施錠の出入口ドアから侵入し，その頃，同所において，Cが同所の脱衣籠に入れていたバッグ内から同人所有の財布1個を取り出したが，同病院職員らが駆けつけたため，その目的を遂げなかったものである。

罪　名　及　び　罰　条

建造物侵入，窃盗未遂　　　刑法130条前段，243条，235条

追　起　訴　状

平成○○年○月○日

東　京　簡　易　裁　判　所　殿

東　京　区　検　察　庁

検察官副検事　○　○　○　○　（印）

下記被告事件につき公訴を提起する。

記

本　籍　　東京都墨田区（以下略）
住　居　　東京都江戸川区（以下略）
職　業　　印鑑・名刺販売業

別件勾留中　　　　　　　○　○　○　○

昭和○○年○月○日生

公　訴　事　実

　被告人は，金品窃取の目的で，平成24年1月7日午前10時9分頃，医療法人財団A医療財団A整形外科内科病院院長Bが看守する東京都江戸川区（以下略）所在の同病院地下1階2番更衣室に，無施錠の出入口ドアから侵入し，その頃，同所において，Dが同所の脱衣籠に入れていたバッグ内から同人所有の現金約2万7000円を窃取したものである。

罪　名　及　び　罰　条

　建造物侵入，窃盗　　　　刑法130条前段，235条

【判決書例４】 窃盗罪等（公訴事実の否認，アリバイ主張）

平成24年11月27日宣告　　　　　　　　　　　　裁判所書記官○○○○

平成24年㈬第○○○号，第○○○号

判　　決

本　籍　東京都墨田区（以下略）

住　居　東京都江戸川区（以下略）

印鑑・名刺販売業

○　　○　　○　　○

昭和○○年○月○○日生

　上記の者に対する建造物侵入，窃盗未遂，窃盗被告事件について，当裁判所は，検察官○○○○出席の上審理し，次のとおり判決する。

主　　文

　被告人を懲役１年10月に処する。

　未決勾留日数中180日をその刑に算入する。

理　　由

（罪となるべき事実）

　被告人は，金品窃取の目的で，

第１　平成24年１月10日午後３時11分頃，医療法人財団Ａ医療財団Ａ整形外科内科病院院長Ｂが看守する東京都江戸川区（以下略）所在の同病院地下１階２番更衣室に，無施錠の出入口ドアから侵入し，その頃，同所において，Ｃが同所の脱衣籠に入れていたバッグ内から同人所有の財布１個を取り出したが，同病院職員らが駆けつけたため，その目的を遂げなかった，

第２　同年１月７日午前10時９分頃，同病院院長Ｂが看守する東京都江戸川区（以下略）所在の同病院地下１階２番更衣室に，無施錠の出入口ドアから侵入し，その頃，同所において，Ｄが同所の脱衣籠に入れていたバッグ内から同人所有の現金約２万7000円を窃取し

たものである。

（証拠の標目）

（括弧内の甲乙の番号は，証拠等関係カードに記載された検察官請求の証拠の番号を示す。）

判示事実全部について

　　被告人の当公判廷における供述

　　証人Ｅ，同Ｆ及び同Ｇの当公判廷における各供述

　　司法警察員作成の

－ 180 －

　　　　　写真撮影報告書7通（甲32，38，39，53，54，56〔抄本〕，60）

　　　　　防犯ビデオ画像対比経過報告書（甲37）

　　　　　捜査関係事項照会書（甲40〔謄本〕）

　　　　　差押物件複写報告書（甲43）

　　　　G作成の回答書（甲41）

判示第1の事実について

　　　　被告人の

　　　　　検察官に対する供述調書3通（乙4，5，6）

　　　　　司法警察員に対する供述調書2通（乙2，3）

　　　　証人Cの当公判廷における供述

　　　　司法警察員作成の

　　　　　実況見分調書（甲4，不同意部分を除く。）

　　　　　写真撮影報告書3通（甲5〔不同意部分を除く。〕，15，18〔不同意部分を除く。〕）

　　　　　再現状況報告書（甲8，不同意部分を除く。）

　　　　　被害状況再現報告書（甲11，不同意部分を除く。）

　　　　　防犯カメラ画像出力結果報告書（甲19）

　　　　C作成の被害届（甲3，不同意部分を除く。）

　　　　押収してあるCD―R1枚（平成24年押第6号の1。甲57）

判示第2の事実について

　　　　Dの司法警察員に対する供述調書（甲29，不同意部分を除く。）

　　　　Hの検察官に対する供述調書（甲49，不同意部分を除く。）

　　　　司法警察員作成の

　　　　　実況見分調書（甲30）

　　　　　写真撮影報告書2通（甲31，33）

　　　　　防犯カメラ画像写真撮影報告書（甲34，不同意部分を除く。）

　　　　　画像出力写真撮影報告書（甲35，不同意部分を除く。）

　　　　　資料入手報告書（甲47）

　　　　　携帯電話受信状況捜査報告書（甲50，不同意部分を除く。）

　　　　　裏付捜査報告書（甲51，不同意部分を除く。）

　　　　　距離時間測定結果報告書（甲52，不同意部分を除く。）

　　　　E作成の被害届（甲23，不同意部分を除く。）

　　　　D作成の被害届（甲26）及び被害届訂正願い（甲27）

　　　　押収してあるCD―R1枚（平成24年押第6号の2。甲58）

（累犯前科）

　被告人は，

(1)　平成16年7月8日東京地方裁判所で覚せい剤取締法違反の罪により懲役3年に処せられ，平成19年7月7日その刑の執行を受け終わり，

(2)　その後犯した覚せい剤取締法違反の罪により平成20年3月14日東京地方裁判所で懲役3年2月に処せられ，平成23年8月30日その刑の執行を受け終わったものであって，これらの事実は，検察事務官作成の前科調書及び(2)の前科に係る判決書謄本によって認める。

（法令の適用）

　被告人の判示第1の所為のうち，建造物侵入の点は刑法130条前段に，窃盗未遂の点は同法243条，235条に，判示第2の所為のうち建造物侵入の点は同法130条前段に，窃盗の点は同法235条にそれぞれ該当するところ，判示第1の建造物侵入と窃盗未遂との間及び判示第2の建造物侵入と窃盗との間には，それぞれ手段結果の関係があるので，同法54条1項後段，10条により，いずれも1罪として重い，判示第1の罪については窃盗未遂罪，判示第2の罪については窃盗罪の刑でそれぞれ処断することとし，判示各罪について所定刑中いずれも懲役刑を選択し，被告人には前記の各前科があるので同法59条，56条1項，57条により判示各罪の刑についてそれぞれ3犯の加重をし，以上の各罪は同法45条前段の併合罪であるから，同法47条本文，10条により犯情の重い判示第2の窃盗罪の刑に法定の加重をした刑期の範囲内で被告人を懲役1年10月に処し，同法21条を適用して未決勾留日数中180日をその刑に算入し，訴訟費用については，刑事訴訟法181条1項ただし書を適用して被告人に負担させないこととする。

（事実認定の補足説明）

　弁護人は，判示第1の事実については，被告人には金品窃取の目的はなく財布1個を取り出していないので無罪であり，判示第2の事実については，被告人は犯行場所に行っていないので無罪であると主張し，被告人もこれに沿う供述をするので，これらの点について，裁判所の判断を補足して説明する。

第1　判示第1の建造物侵入，窃盗未遂について

1　判示第1の事実に関し，証人Cは，当公判廷において，概ね次のように供述している。

　すなわち，Cは，平成24年1月10日午後3時11分頃，東京都江戸川区（以下略）所在の医療法人財団A医療財団A整形外科内科病院（以下「A病院」という。）の地下1階2番更衣室（以下「2番更衣室」という。）において，レントゲン検査を受けるため，2番更衣室内の脱衣籠の中にコーチ製のトートバッ

グを置いた。バッグの中には財布（ルイヴィトン製の長財布，以下「本件財
布」という。）が入れられていた。バッグの上には畳んだダウンコートを置
き，その上には来院受付時に病院から渡された診察用クリアファイルを置い
た。バッグ等が置かれた脱衣籠はワゴンの上に置かれ，同ワゴンは２番更衣室
の廊下側ドアから見て左奥の位置に置いてあった。

　　Ｃの供述は，不自然不合理な点は認められないこと，被告人と利害関係がな
く虚偽の供述をする動機がないことなどから，信用性を認めることができる。

2　また，証人Ｅ（Ａ病院の保安警備担当の事務職員）及び同Ｆ（同病院のレン
トゲン技師）は，当公判廷において，概ね次のように供述している。

　　平成24年１月10日午前中，Ｅは，同月７日の窃盗犯人と思われる男の画像を
プリントアウトして，地下１階のレントゲン室に配った。午後になって，レン
トゲン技師のＩから，Ｅに，画像の男と似たような男が地下１階のソファーに
座っているという電話が入った。Ｅは，急いで階段で地下１階におりて左側の
ソファーを見たところ，同月７日の画像と同じ顔の男が座っていた。Ｅは，更
衣室の先のレントゲン操作室に入り，Ｆ，Ｉ，Ｊと４人で，操作室のパソコン
画面で地下１階廊下の防犯カメラの映像を見ながら，男を監視していた。

　　男は，患者が更衣室に入ると更衣室ドア付近まで来て，ドアノブに手を掛
け，錠が閉まっているとまた元に戻るというような行動を，3回ぐらいした。

　　50歳代後半の女性が２番更衣室に入った後，男が同更衣室の中に入ったの
で，Ｅは，持っていた携帯電話で，110番通報をした。Ｉがレントゲン検査室
側から，Ｆが廊下側から，それぞれ２番更衣室のドアを押さえて，男を２番
更衣室に閉じこめた。Ｅは，110番通報をしながら，廊下側からＦの後を追っ
た。Ｆは，Ｅが後ろに来たので，廊下側のドアを開けた。Ｆはドアを開けると
きに，壁に物がぶつかるような音を聞いた。Ｆは，2番更衣室の中に入り，右
手で男の左肩を押さえた。ＦとＥが男を逮捕するため２番更衣室に入った際，
本件財布が同更衣室の廊下側ドアから見て右手前壁際に落ちていた。

　　以上の供述内容は，Ｅ及びＦの両名が一致して供述しているところであり，
他の関係証拠とも矛盾なく整合しており，十分に信用することができる。

3　これら信用性の認められるＣ，Ｅ及びＦの各供述に加えて，後述するＡ病院
地下１階廊下に設置された防犯カメラ映像等の関係各証拠によれば，被告人
が，平成24年１月10日午後３時11分頃，Ａ病院地下１階２番更衣室に侵入し，
Ｃが脱衣籠に入れていたバッグ内から本件財布を取り出した事実を認めること
ができ，したがって判示第１の事実を認定することができる。

第 2　判示第 2 の建造物侵入，窃盗について

1　G作成の鑑定書について

　(1)　概要

　　東京歯科大学法人類学研究室教授Gは，平成24年 5 月13日付け回答書（甲41，以下「G鑑定書」という。）において，次の検査資料 1 ないし 4 の画像の各人物について異同識別を行った。

　　検査資料 1 　平成24年 1 月 7 日，A病院玄関及び地下 1 階に設置された防犯カメラで撮影された画像（「玄関」というフォルダー内の再生表示時間10分13秒及び「地下」というフォルダー内の再生表示時間 6 分23秒から 8 分18秒までの間に映っているベージュ色コートを着用しマスクをしている人物）

　　検査資料 2 　平成24年 1 月10日，A病院玄関及び地下 1 階に設置された防犯カメラで撮影された画像（「玄関」というフォルダー内の再生表示時間14分05秒から14分06秒までの間及び「地下」というフォルダー内の再生表示時間 7 分23秒から10分09秒までの間に映っている黒色コートを着用しマスクをしている人物）

　　検査資料 3 　平成24年 1 月11日に撮影されたという被告人〇〇〇〇の被疑者写真 8 枚

　　検査資料 4 　平成24年 2 月 6 日付犯行時着衣再現写真撮影報告書（甲53）に添付されている被告人〇〇〇〇の写真 7 枚

　　そして，Gは，以下のように鑑定している。

　ア　資料 1 に記録されている検査対象人物と資料 2 に記録されている検査対象人物の比較

　　図15の上二段では，全体的な眉の形状や耳垂の上方に窪みがあること，その上方が膨らんでいることなどの形状が酷似しており，両者に矛盾が認められない。また，鼻の形状においても，両者は酷似していることが観察される。図15の下二段から図16にかけての，両者の体格や身長，プロポーションの比較においても，両者は全く矛盾なく一致していることがわかる。従って，資料 1 に記録されている検査対象人物と，資料 2 に記録されている検査対象人物は同一人の可能性が極めて高いと判断するのが妥当である。

　イ　資料 1 に記録されている検査対象人物と資料 3 の被疑者写真上の人物及び資料 4 の写真上の人物（被告人〇〇〇〇）の比較

　　資料 3 と資料 4 では，図17に示した通りであり，赤丸の 1 及び 2 で囲っている部分には，明らかに本人固有の特徴である黒子様の存在が認められる。また，顔面部においては両者の重ね合わせ画像に全く矛盾がない。つま

り，両者は同一人と考えて差し支えない。

　　資料1と資料3及び資料4では，図18の上二段では，眼窩上隆起の突出状
態や左眉の上縁の薄くなっている部位の存在などが両者で酷似していること
などから，資料1に記録されている検査対象人物と，資料3の被疑者写真上
の人物及び資料4の写真上の人物（被告人○○○○）は同一人の可能性が極
めて高いと判断するのが妥当である。

(2)　信用性

　　Gが用いた鑑定手法は，異同識別を行う画像（提供された資料が動画であ
る場合は動画から抽出した静止画像）について，対象となる各人物が別人で
あると評価すべき相違の有無につき，眉，目，鼻，口，耳の形態や位置に矛
盾があるか，一致しているかなどを，重ね合わせ法や並置法という複数の比
較手法により検討し，画像の鮮明度や撮影方向も考慮した上で異同識別を行
うというものである。なお，鑑定資料の画像については，鮮明化処理を行う
ことがあるが，これは画像自体の特徴に操作を加えるのではなく，コントラ
ストや明るさを調節することにより画像にメリハリをつけ，強調するもので
あり，画像の証拠価値を失わせるものではない。このようなGの鑑定の理論
と手法は，専門的知識に基づく合理的なものである。また，Gは，この手法
による鑑定の経験を豊富に有している。

　　そうすると，G鑑定書の信用性は高く，被告人と資料1の人物すなわち判
示第2の事実の犯人は，同一人物である可能性が極めて高いと言える。

　　また，防犯カメラ映像等の関係各証拠によれば，以下の事実が認められ
る。

　　判示第2の事実の被害者であるDは，平成24年1月7日午前10時2分
頃，A病院において，胸部レントゲン撮影のため，地下1階2番更衣室で
着ていた服を脱ぎ，脱衣籠に服とバッグを入れて，レントゲン撮影室に入っ
た。2番更衣室の廊下側のドアには鍵を掛けなかった。Dが，午前10時12分
頃レントゲン撮影を終えて着替えを済ませ，その後支払いをしようとしたと
ころ，バッグ内の財布から現金2万7000円が無くなっていた。

　　判示第2の事実の犯人は，同日午前9時53分頃，A病院1階出入口から同
病院に入り，地下1階に下りた。その後，午前10時9分頃，犯人は2番更衣
室に入った。

　　信用性の高いG鑑定書により被告人と判示第2の犯人が同一人物である可
能性が極めて高いことに加えて，判示第2の犯行が，被告人に酷似した別人
によって，判示第1の犯行のわずか3日前に，同じ更衣室で，脱衣籠に入れ

ていたバッグ内から現金等を窃取するという同一手口の犯行を行うという偶然はおよそ考えられず，判示第2の犯行の犯人が被告人であることを認定することができる。

2　被告人のアリバイ主張について

(1)　以上のとおり，その信用性が高いG鑑定書及び犯行手口等によれば，被告人が判示第2の犯行に及んだ事実を認定することができる。

これに対し，被告人は，公判廷において，判示第2の犯行の日時である平成24年1月7日午前10時9分頃は，両親の実家に居て，A病院に行っていない旨，アリバイを主張する。

すなわち，被告人は，「その日は，朝，8時ちょっと回った頃に実家に行って，母の認知症の薬をもらうために，1人で自転車に乗って，まず処方箋をもらうために，午前9時過ぎに○○クリニックに行った。次に調剤をもらうために，午前9時30分から40分に○○薬局に行った。○○薬局のレジに居るときに，迎えに来た父親に気づいた。その後，父親と一緒に実家に帰った。午前10時6分にリサイクルショップから電話があったのは，実家に戻った時だった。電話を受けてすぐ，自転車に乗ってリサイクルショップに向かった。」旨，アリバイを供述している。

しかしながら，前述のとおり，信用性が高いG鑑定書等の客観的証拠により，判示第2の犯行の日時に被告人がA病院を訪れていた事実を認定することができるから，同日時にはA病院に行っていないとの被告人の供述は信用できない。

(2)　また，被告人の父親である証人Kは，公判廷において，被告人の前記供述に符合するかのような供述をする。

すなわち，「1月7日午前8時ちょっと過ぎ頃，被告人が家に来た。食事をした後，妻の薬がなかったので，午前8時30分過ぎ頃，被告人が自転車で薬をもらいに行ってくれた。被告人が薬をもらいに行ってから遅いので，私も自転車で，○○薬局まで見に行った。私が○○薬局に着いたのは，午前9時55分頃であった。○○薬局の待合室に被告人が居て，少し待っていると午前10時ちょっと前に被告人が○○薬局から出てきたので，被告人と一緒に家に戻った。被告人の携帯電話に電話があったのは，家に帰ってからだと思う。電話があって被告人が家を出て行ったのは，午前10時10分か15分くらいだと思う。」旨供述している。

一方，証人Kは，平成24年3月9日における検察官の面前では，「1月7日の朝，被告人が，自転車に乗って1人で，処方箋をもらいに○○

クリニックに行ってくれた。私と妻も薬局に行った方がいいと思い，妻と一緒に○○薬局に歩いて行き，そこで午前9時頃被告人と落ち合った。被告人が○○薬局から出てくると，被告人の携帯電話に電話が掛かってきて，被告人は，用事ができたなどと言って自転車に乗ってどこかへ行ってしまった。」旨供述しており，その供述の変遷については合理的な説明がなされていない。

(3)　したがって，被告人のアリバイ供述及びこれに符合するかのようにみえる証人Kの供述はいずれも信用性に乏しいものであり，判示第2の犯行が被告人によるものであるとの前記認定に合理的な疑いを入れるものとは到底いえないから，前記認定は揺るがない。

（量刑の理由）

　本件は，被告人が，病院の患者更衣室に侵入して現金を窃取した事案と，その3日後に，同じ更衣室に侵入して財布を窃取しようとしたものの未遂に終わった事案である。本件の犯行態様は，いずれも病院の更衣室に侵入して，レントゲン受診中の患者が脱衣籠に入れている財布等を窃取するという悪質なものである。被告人は，累犯前科で述べたとおり，覚せい剤取締法違反の罪により実刑に処せられて服役し，平成23年8月30日に出所したのちわずか4か月余りで本件各犯行を行ったものであり，被告人の規範意識は薄いと言わざるを得ない。

　また，被告人は，捜査段階から本件各犯行をいずれも否認し，公判廷においても不合理な弁解に終始しており，反省の様子もうかがえないことなどに照らすと，その犯情は悪く，被告人の刑事責任は重い。

　他方，本件においては，被害額が多額とまではいえないこと，判示第1の犯行については被害品が還付されていること，両親が高齢であることなどの被告人にとって酌むべき情状も存在する。

　そこで，これらの被告人に有利不利な諸事情を参酌して，主文のとおり量刑した。

（求刑・懲役2年6月　国選弁護人○○○○）

　　平成24年11月27日

　　　　東京簡易裁判所刑事第○室

　　　　　　裁　判　官　　○　　　○　　　○　　　○

【判決書例5】 公務執行妨害罪（公訴事実の否認，暴行の有無）

平成25年1月22日宣告　　　　　　　　　　裁判所書記官　○　○　○　○

平成23年(ろ)第○○○号

判　　　決

　　本　籍　東京都品川区（以下略）

　　住　居　神奈川県相模原市（以下略）

会社員

○　　　○　　　○　　　○

昭和○○年○○月○○日生

　　上記の者に対する公務執行妨害被告事件について，当裁判所は，検察官○○○○出席の上審理し，次のとおり判決する。

主　　　文

　　被告人を罰金40万円に処する。

　　その罰金を完納することができないときは，金5000円を1日に換算した期間被告人を労役場に留置する。

理　　　由

（罪となるべき事実）

　　被告人は，平成23年2月12日午前9時20分頃，東京都港区（以下略）先路上において，警察署長から放置車両の確認事務の委託を受けた○○警備株式会社により選任された駐車監視員であるA（当時48歳）及びB（当時58歳）が，放置車両の確認事務を行っていた際，同監視員らに対し，それぞれの胸部を片手で1回突き飛ばし，さらに，前記Aの胸部を両手で1回突き飛ばすなどの暴行を加え，もって同監視員らの職務の執行を妨害したものである。

（証拠の標目）

（括弧内の甲乙の番号は，証拠等関係カードに記載された検察官請求の証拠番号を示す。）

　　　　被告人の

　　　　　当公判廷における供述

　　　　　検察官に対する供述調書2通（乙4，5）

　　　　　司法警察員に対する供述調書（乙3）

　　　　証人A及び同Bの当公判廷における各供述

　　　　司法警察員作成の

　　　　　資料入手報告書（甲4）

　　　　　実況見分調書（甲5，不同意部分を除く。）

　　写真撮影報告書2通（甲10，11）

　　道路状況等確認結果報告書（甲12）

　　聴取結果報告書2通（甲13，15）

（事実認定の補足説明）

　弁護人は，本件公訴事実について，被告人が監視員らに対し暴行を振るった事実はないから，被告人は無罪であると主張するので，以下，判示事実を認定した理由を補足して説明する。

1　暴行の事実について

　　証人A及び同Bの公判供述，その他関係証拠によれば，以下の事実が認められる。

　　警視庁愛宕警察署，三田警察署，高輪警察署及び東京湾岸警察署の各警察署長から，放置車両確認事務を委託されている○○警備株式会社（以下「○○警備」という。）により選任された駐車監視員であるA（以下「A」という。）及びB（以下「B」という。）は，平成23年2月12日午前，外苑西エリアの放置車両の確認事務を行っていた。

　　A及びB（以下両名を「Aら」ともいう。）は，同日午前9時20分頃，東京都港区（以下略）先路上において，放置車両の確認事務を行っていた。Aらは，駐車監視員の制服を着て，駐車監視員と書かれた帽子を被り，カッパの上に背中に大きく駐車監視員と書かれた蛍光チョッキを着て，腕章を付けていた。

　　一方，被告人は，本件当時，東京都港区（以下略）パレス○○101号室に居住していた。

　　被告人は，同日午前2時頃帰宅し，自分の車（三菱デリカ品川○○○の○○○○，以下「本件車両」という。）を港区（以下略）先路上（以下「本件駐車場所」という。）に駐車した。

　　被告人は，同日午前9時ころ，仕事の打ち合わせのため自宅を出て，本件駐車場所まで行った。そして，本件車両のエンジンを掛け，荷物をハッチバック式の後部ドアから積み込んだ。その後，午前9時15分頃，本件車両から5メートル位の場所にあった自動販売機のところに缶コーヒーを買いに行った。

　　Aらは，本件駐車場所の白線内に本件車両が南に向けて停まっているのを確認した。

　　Aらは，○○警備から，駐車禁止除外指定車両及び駐車許可車両でないことの確認並びに車両内に人がいないこと等を確認した後，駐車違反の取締りをするように指示されていたので，Aは，本件車両の前からフロントガラスに駐車

除外標がないことを確認し，次に運転席側から運転席を覗いて，人が乗っていないかどうかを確認した。Bは，Aの左隣で運転席を覗いていた。A及びBは，いずれも本件車両を触ることはなかった。

被告人が，自動販売機で缶コーヒーを買おうとした時，本件車両の方を見たところ，本件車両の窓ガラスを通して，複数の人影があり，運転席を覗いている様子が目に入った。

被告人は，人影を見て自動販売機の場所から戻り，本件車両の右後方から「泥棒，何やってんだ。」などと言いながら威勢良くAらのところへ駆け寄ってきた。被告人は，本件車両を背にして，Aらに対峙する体勢で，左手でAの右胸を，右手でBのみぞおちあたりを突き飛ばした。

Aは，ほとんど受け身ができなかったので，2，3歩引いたような感じになった。被告人は，「何やってんだ。後ろにいるのに。」などと言って，更にAらに近づいてきた。Aは，右足を少し出して受けたので，被告人にぶつかった。

Aは，被告人が本件車両の運転席に乗ってその場を立ち去ろうとしたので，首から掛けてチョッキのポケットに入れていたカメラを取り出し，公務執行妨害の証拠として，本件車両の写真を撮ろうとした。被告人は，Aの胸部を両手で突き飛ばした。

以上の事実が認められるところ，証人A及び同Bの公判供述は，本件車両の確認状況及び被告人の暴行の内容について合致しており，証人両名の公判供述は，相互に補強する内容である上，いずれも具体的かつ詳細であることから，証人両名の公判供述の信用性は高いと考えられる。

2　公務執行の適法性について

警察署長は，放置車両の確認等に関する事務の全部又は一部を，公安委員会の登録を受けた法人に委託することができる（道路交通法51条の8第1項）。Aらの行為は，同規定に基づき，警察署長から放置車両の確認事務の委託を受けた○○警備により選任された駐車監視員として，放置車両の確認のため，駐車禁止除外指定車両及び駐車許可車両でないことの確認並びに車両内に人がいないこと等を確認していたものであって，適法な職務行為であると認められる。

また，Aらは，前記認定のとおり，駐車監視員の制服を着て，駐車監視員と書かれた帽子を被り，カッパの上に背中に大きく駐車監視員と書かれた蛍光チョッキを着て，腕章を付けていたのであるから，被告人は，Aらを駐車監視員と容易に認識できていたはずである。したがって，被告人が，Aらが駐車監

視員として公務を行っていたことを認識していたことは明らかであり，被告人に公務の認識がなかったとは考えられない。

3　まとめ

以上のとおりであるから，本件公務執行妨害罪につき無罪である旨の弁護人の主張は理由がない。

（法令の適用）

被告人の判示所為は刑法95条1項に該当するところ，所定刑中罰金刑を選択し，その所定金額の範囲内で被告人を罰金40万円に処し，その罰金を完納することができないときは，同法18条により金5000円を1日に換算した期間被告人を労役場に留置することとし，訴訟費用は，刑事訴訟法181条1項ただし書を適用して被告人に負担させないこととする。

（量刑の理由）

本件は，被告人が，路上で放置車両の確認事務を行っていた2人の駐車監視員に対し，胸部を手で突き飛ばすなどの暴行を加えて駐車監視員の職務の執行を妨害した事案であるが，本件の経緯に照らしても，駐車監視員であるAらの対応が格別不適切であったとは認められず，被告人が，駐車違反の取締りを受けることを危惧して一方的に駐車監視員に対して暴行に及んだもので，その犯行動機は自己中心的であり，被告人には法規範軽視の態度が窺われることから，その刑事責任を軽視することはできない。

他方，本件が駐車違反の取締りにともなう偶発的な犯行であることや，暴行の態様において危険性が高いとまでは言えないことなどの事情を考慮すると，主文程度の罰金額にとどめるのが相当であると考えられる。

（求刑・罰金50万円　国選弁護人○○○○）

平成25年1月22日

東京簡易裁判所刑事第○室

裁　判　官　　○　　○　　○　　○

【判決書例6】暴行，傷害罪（法335条2項の主張,正当防衛）

平成25年2月28日宣告　　　　　　　　　　裁判所書記官○　○　○　○

平成24年(ろ)第○○○号

判　　　決

　本　籍　東京都江戸川区（以下略）

　住　居　東京都江戸川区（以下略）

会社員

○　　　○　　　○　　　○

昭和○○年○○月○○日生

　上記の者に対する暴行，傷害被告事件について，当裁判所は，検察官○○○○出席の上審理し，次のとおり判決する。

主　　　文

　被告人を罰金20万円に処する。

　その罰金を完納することができないときは，金5000円を1日に換算した期間被告人を労役場に留置する。

理　　　由

（罪となるべき事実）

　被告人は，

第1　平成23年8月20日午後10時50分頃，東京都江戸川区（以下略）先歩道上において，A（当時43歳）に対し，その腹部を数回膝で蹴るなどの暴行を加え，

第2　前記日時場所において，B（当時40歳）に対し，その顔面をげん骨で1回殴る暴行を加え，よって，同人に全治まで約7日間を要する左上口唇切創等の傷害を負わせたものである。

（証拠の標目）

（括弧内の甲乙の番号は，証拠等関係カードに記載された検察官請求の証拠番号を示す。）

判示事実全部について

　　被告人の

　　　当公判廷における供述

　　　検察官に対する供述調書（乙3）

　　　司法警察員に対する供述調書（乙2）

　　証人A，同B及び同Cの当公判廷における各供述

　　　司法警察員作成の犯行再現写真撮影報告書（甲5）

判示第1の事実について

　　Aの検察官に対する供述調書（甲3，不同意部分を除く。）

　　司法巡査作成の実況見分調書（甲4，謄本）

　　A作成の被害届（甲1，不同意部分を除く。）

判示第2の事実について

　　司法巡査作成の実況見分調書（甲10，謄本）

　　司法警察員作成の写真撮影報告書（甲11）

　　B作成の被害届（甲6，不同意部分を除く。）

　　医師D作成の診断書（甲7）

（弁護人の主張に対する判断）

　1　弁護人の主張

　　被告人の本件各行為は，A及びBの暴行という急迫不正の侵害に対して，自己の権利を防衛するため，やむを得ずにした行為であるから，正当防衛である。

　2　当裁判所の判断

　⑴　本件に至る経緯等

　　判示事実認定の用に供した前掲各証拠によれば，以下の事実が認められる。

　　被告人は，本件当時，A及びBと同じ○○重機有限会社に勤務する同僚であった。被告人は，交通事故による怪我のため，会社を数ヶ月間休職し，平成23年8月18日頃，職場に復帰した。

　　被告人とAは，本件当日である同月20日夕方，勤務会社の車庫で顔を合わせたが，被告人とAは会話はしなかった。

　　AとBは，同日夜，団地の盆踊りに行って飲んだ後，Bの家に行って飲み直し，Eと葛西駅で合流して，午後10時頃，居酒屋○○に行った。

　　被告人は，同日夕方から，Aに何度も電話を掛けていたが，同人の携帯電話から，居酒屋に居るような騒音が聞こえたので，被告人はAが居酒屋で飲んでいると思い，同人が居そうな居酒屋を探し，葛西駅近くの居酒屋○○を訪れた。

　⑵　正当防衛の要件の存否について

　　証人A，同B及び同Cの各公判供述，その他関係証拠によれば，以下の事実が認められる。

　ア　被告人の居酒屋入店時

　　A，B及びEの3人は，居酒屋○○店内の奥左側にあるいろりコーナーに座って飲んでいた。

　　被告人は，午後10時50分より少し前頃，居酒屋〇〇の店内に，鬼の形相
のような怒った顔で入ってきた。
　　被告人は，居酒屋〇〇店内に入るや，Aに対し，「てめえ，何やってん
だよ。」と言って，次の瞬間から，被告人とAが口論になり，胸倉の掴み
合いになった。
イ　店内での状況
　　Aは，被告人に対してパンチを繰り出したりもしていたが，被告人は自
然によけていた。被告人には余裕が感じられた。
　　BとEは，被告人とAの両方を止めていた。
　　居酒屋〇〇の店長のCは，店が壊されると思って，「すぐに出て行って
下さい。」と言って，止めに入った。
　　その後，Aが「表に出ろ。」と言い，それに対して被告人が「上等
だ。」などと言って，被告人，Aの順で店の外に出て行った。
　　Bは，会計をして，2，3分後に「すみませんでした。」と言って，E
と共に店の外に出て行った。
ウ　店外での状況
　　被告人とAは，店の外に出た後，お互いに攻撃を加えあう状況になっ
た。
　　被告人は，Aの腹部を数回膝で蹴った。被告人はバランスを崩して後ろ
に倒れた。Aは，倒れた被告人に馬乗りになって殴りかかった。Eは，馬
乗りになっているAを，被告人から引き離した。
　　被告人が立ち上がると，Bが，被告人とAの間に割って入り，止めよう
とした。被告人の方が勢いがあったので，Bが被告人の方を向いて止めに
入ったら，被告人は，Bの顔面を右手の拳で殴った。Bは，被告人の顔面
を右手の拳で殴り返した。
　　Bは，被告人に顔面を拳で殴られたことにより，全治まで約7日間を要
する左上口唇切創等の傷害を負った。
　　被告人は，A及びBの暴行により，鼻骨骨折等の傷害を負った。
エ　正当防衛の要件の存否
　　以上の事実関係に基づき，正当防衛の要件の存否について検討する。
　　前記認定の事実経過によれば，被告人は，居酒屋〇〇店内に怒った顔で
入ってきて，Aに対し，「てめえ，何やってんだよ。」と言って，被告人
とAがもみ合いながら口論になった。その後，Aが「表に出ろ。」と言
い，それに対して被告人が「上等だ。」などと言って，被告人，Aの順で

店の外に出て行った。被告人とAは，店の外に出た後，お互いに攻撃を加えあう状況になったのであり，事態を全体的に観察して判断すると，被告人がAに対して暴行を加える行為は，対抗行為それ自体が違法性を帯び，正当な防衛行為とは認められない。

　　　Bについては，Bが，被告人の方を向いて止めに入ったところ，被告人が，Bの顔面を右手の拳で殴ったものであって，Bによる急迫不正の侵害があったとは認められない。

(3)　結論

　　　以上認定のとおり，被告人の本件各行為は，判示第1の事実については正当な防衛行為とは認められず，判示第2の事実については急迫不正の侵害があったとは認められないから，いずれも正当防衛が成立する余地はなく，弁護人の主張は採用できない。

（法令の適用）

　被告人の判示第1の所為は刑法208条に，判示第2の所為は同法204条にそれぞれ該当するところ，所定刑中いずれも罰金刑を選択し，以上は同法45条前段の併合罪であるから，同法48条2項により各罪所定の罰金の多額を合計した金額の範囲内で被告人を罰金20万円に処し，その罰金を完納することができないときは，同法18条により金5000円を1日に換算した期間被告人を労役場に留置することとし，訴訟費用は，刑事訴訟法181条1項ただし書を適用して被告人に負担させないこととする。

（求刑・罰金20万円　国選弁護人○○○○）

　　平成25年2月28日

　　　　東京簡易裁判所刑事第○室

　　　　　　裁　判　官　　○　　○　　○　　○

【判決書例７】 速度違反の罪（公訴事実の否認，速度測定の正確性）

平成19年４月23日宣告　　　　　　　　　　　裁判所書記官　○　○　○　○

平成18年(ろ)第○○号

判　　決

本　籍　東京都練馬区（以下略）

住　居　東京都板橋区（以下略）

会社員

○　○　○　○

昭和○○年○月○○日生

上記の者に対する道路交通法違反被告事件について，当裁判所は，検察官○○○
○出席の上審理し，次のとおり判決する。

主　　文

被告人を罰金９万円に処する。

その罰金を完納することができないときは，金5000円を１日に換算した期間被
告人を労役場に留置する。

理　　由

（罪となるべき事実）

被告人は，平成17年12月６日午後零時35分ころ，埼玉県公安委員会が道路標識に
よりその最高速度を80キロメートル毎時と指定した埼玉県戸田市（以下略）○○番
地埼玉県道高速さいたま戸田線上り線0.575キロポスト付近道路において，その最
高速度を60キロメートル超える140キロメートル毎時の速度で普通乗用自動車を運
転して進行したものである。

（証拠の標目）

（括弧内の甲乙の番号は，証拠等関係カードに記載された検察官請求の証拠番号を
示す。）

被告人の

当公判廷における供述

検察官事務取扱検察事務官に対する供述調書（乙４）

司法巡査に対する供述調書（乙３）

証人Ａ及び同Ｂの当公判廷における各供述

Ａの司法警察員に対する供述調書（甲16，ただし，不同意部分を除く。）

検察官作成の捜査報告書（甲６）

司法巡査作成の捜査報告書６通（甲１，ただし，不同意部分を除く。
甲３，８，11，12，13）

　　司法警察員作成の捜査報告書4通（甲7，14，15，17。ただし，甲14は不同意部分を除く。）

　　高速走行抑止装置による速度測定報告書（甲2）

　　埼玉県公安委員会告示第103号抄本（甲4）及び第126号謄本（甲5）

（事実認定の補足説明）

1　被告人は，「最高速度を60キロメートル超える140キロメートル毎時の速度で進行していたという事実はない。」旨供述し，弁護人も「本件測定装置の機能の信頼性，本件違反測定の正確性についてたやすく信を置くことができないので，違反の事実を認めることはできない。」として，被告人の無罪を主張するので，以下検討する。

2　前掲各証拠によれば，次の事実が認められる。

(1)　速度測定装置について

　　判示の速度違反取締りに使用された速度測定装置は，三菱電機株式会社製造のレーダ式高速走行抑止装置ＲＳ―2000型（以下「本件測定装置」という。）である。

　　レーダ式速度測定装置は，レーダアンテナから発射された電波が，移動物体である被測定車両に当たり，反射されて再び同一アンテナに戻り受信される際に，移動物体の速度に比例して同反射電波の周波数が変化するいわゆるドップラ効果による周波数の変化を検出して速度を算出する原理を利用したものである。

　　走行してくる車両に電波を照射すると，電波が車両に押し戻されることにより，周波数が高くなって返ってくる度合いを測定することによって，車両の速度を測定する。

　　本件測定装置は，平成10年1月に製造され，端末装置は，同年4月に本件場所である埼玉県戸田市（以下略）○○番地先に設置された。

　　本件測定装置は，レーダ送受器（製造番号は走行車線Ｃ71457，追越車線Ｃ71518），カメラユニット，ストロボユニット，制御機（製造番号Ｃ71467）等よりなる端末装置（以下「本件端末装置」という。）と，埼玉県警察本部交通部高速道路交通警察隊（以下「交通警察隊」という。）の三郷分駐隊所在地である埼玉県三郷市（以下略）に設けられている制御用コンピュータ，光ディスク装置，入力端末，モニタテレビ，ハードコピー装置等からなる中央装置（製造番号Ｃ71575，以下「本件中央装置」という。）により構成されている。

(2)　端末装置の点検

　本件端末装置を管理する埼玉県警察は，株式会社○○に対して，およそ半年に1回，本件端末装置の確度点検を依頼し，同社は本件速度違反取締り前の平成17年9月20日に確度点検を実施しているが，その確度点検において，本件端末装置が正常な機能及び性能を保持していることが確認されている。

　交通警察隊の司法巡査Cは，本件速度違反取締り前の平成17年11月30日午前11時00分から午前11時10分までの間に，本件端末装置の設置場所に赴いて，目視による点検を実施し，その点検において，本件端末装置に異常がないことを確認している。

　本件速度違反取締後の平成18年1月11日，追越車線上の車両に関する撮影画像が不鮮明であることを理由に，カメラの修理作業に入ったが，本件速度違反取締時の平成17年12月6日の追越車線上の被告人車両の撮影画像は，不鮮明であるとはいえないから，その1か月余り後にカメラの修理作業が行われたことは，本件速度違反取締時において本件端末装置が正常な機能及び性能を保持していたことの妨げとなるものではない。

　その後，株式会社○○は，平成18年2月22日にも本件端末装置の確度点検を実施しているが，その確度点検において，本件端末装置が正常な機能及び性能を保持していることが確認されている。

(3)　中央装置の点検

　埼玉県警察は，株式会社○○に対して，1年に1回，本件中央装置の確度点検を依頼し，同社は本件速度違反取締前の平成17年2月28日に確度点検を実施しているが，その確度点検において，本件中央装置が正常な機能及び性能を保持していることが確認されている。

　司法巡査Cは，本件速度違反取締の当日である平成17年12月6日午前8時31分ころ，本件中央装置に破損箇所，異常箇所，時刻の誤差があるか否か目視による定期点検を実施し，本件中央装置に異常がないことを確認している。同人は，本件速度違反取締の日の翌日である同年12月7日午前8時30分ころ，同様の定期点検を実施し，本件中央装置に異常がないことを確認している。

　株式会社○○は，その後，平成18年2月27日にも本件中央装置の確度点検を実施しているが，その確度点検において，本件中央装置が正常な機能及び性能を保持していることが確認されている。

(4)　精度試験

　株式会社○○は，本件速度違反取締前の平成17年9月20日に，本件測定装

置の精度試験を実施している。

　　試験方法は，基準器としてテープスイッチを7.0メートルの間隔で設置し，車両がテープスイッチ間を通過するのに要する時間を計測し，この時間から車両の走行速度を求め，本件測定装置のレーダ送受器が計測した速度と比較するものである。

　　上記精度試験の結果，本件測定装置の測定値が，走行車線及び追越車線のいずれについても良好であることが確認されている。

3　結論

　　以上検討の結果によれば，本件測定装置は，平成17年12月6日の本件車両の速度測定時において，正常に機能していたと認められるから，その測定値は正確であったということができる。

　　従って，弁護人の主張は採用することができない。

（法令の適用）

　被告人の判示所為は道路交通法118条1項1号，22条1項，4条1項，同法施行令1条の2第1項に該当するので，所定刑中罰金刑を選択し，その所定金額の範囲内で被告人を罰金9万円に処し，その罰金を完納することができないときは，平成18年法律第36号附則2条1号により同法による改正前の刑法18条により金5000円を1日に換算した期間被告人を労役場に留置することとし，訴訟費用については，刑事訴訟法181条1項ただし書を適用して被告人に負担させないこととする。

（求刑・罰金9万円　国選弁護人○○○○）

　　平成19年4月23日

　　　　さいたま簡易裁判所

　　　　　　裁　判　官　　○　　○　　○　　○

【判決書例8】業務上過失傷害罪（公訴事実の否認，過失の有無）

平成20年1月21日宣告　　　　　　　　　　　裁判所書記官　○　○　○　○

平成19年㈬第○○号

判　　　決

本　籍　埼玉県さいたま市桜区（以下略）

住　居　埼玉県川越市（以下略）

会社員

○　　○　　○　　○

昭和○○年○月○○日生

上記の者に対する業務上過失傷害被告事件について，当裁判所は，検察官○○○○出席の上審理し，次のとおり判決する。

主　　　文

被告人を罰金20万円に処する。

その罰金を完納することができないときは，金5000円を1日に換算した期間被告人を労役場に留置する。

訴訟費用は被告人の負担とする。

理　　　由

（罪となるべき事実）

被告人は，平成17年11月8日午後6時20分ころ，業務として原動機付自転車を運転し，埼玉県さいたま市桜区（以下略）先道路を国道17号バイパス方面から富士見市方面へ向かい進行するに当たり，同道路の左側には店舗があり，同店舗に出入りするため同道路を自転車等が横断することが予測されたから，前方左右を注視し，同道路を横断する自転車等の有無及びその安全を確認しながら進行すべき業務上の注意義務があるのにこれを怠り，同所で交通整理をしていた誘導員の動作に気をとられ，前方左右を注視せず，同道路を横断する自転車等の有無及びその安全確認不十分のまま漫然時速約20キロメートルで進行した過失により，折から同道路を左方から右方へ横断中のA（当時53年）運転の自転車を左前方約7.9メートルの地点に認め，急制動の措置を講じたが間に合わず，同自転車に自車前部を衝突させて同人を自転車もろとも路上に転倒させ，よって，同人に加療約108日間を要する脳挫傷等の傷害を負わせたものである。

（証拠の標目）

（括弧内の甲乙の番号は，証拠等関係カードに記載された検察官請求の証拠番号を示す。）

被告人の当公判廷における供述

― 200 ―

　　被告人の検察官事務取扱検察事務官（乙2）及び司法警察員（乙1）に対する
各供述調書
　　証人A及び同Bの当公判廷における各供述
　　司法警察員作成の実況見分調書4通（甲1，7，10，12，ただし甲1及び10は
指示説明部分を除く。）
　　医師C作成の診断書（甲2）及び患者の病状等についての回答書（甲3）
（弁護人の主張に対する判断）
　　弁護人は，被告人には本件事故発生について過失がなく，また被告人の行為とA
の受傷との間に相当因果関係が認められない旨主張するので，これらの点につき検
討する。

第1　前提状況
　　　関係各証拠によれば，以下の事実が認められる。
　　　被告人は，平成17年11月8日午後6時20分ころ，業務として原動機付自転車
　　（さいたま市桜区あ・○○○号，ヤマハジョグ）を運転し，埼玉県さいたま市
　　桜区（以下略）先道路（以下「本件道路」という。）を国道17号バイパス方面
　　から富士見市方面へ向かい進行してきた。本件道路の左側には店舗（スーパー
　　○○，以下「本件店舗」という。）及びその駐輪場等があった。
　　　一方，Aは，本件店舗で買い物をした後，上記時刻ころ，本件店舗の駐輪場
　　前から自転車に乗って本件道路の横断を始めた。

第2　被告人の過失
　1　被告人の注意義務
　　　本件において，被告人が，業務として原動機付自転車を運転して本件道路を
　　進行する場合，本件道路の左側には本件店舗があったのであるから，同店舗に
　　出入りするため本件道路を自転車等が横断することは，自動車運転者である被
　　告人としては，十分予見することができ，かつ予見していなければならない。
　　　したがって，被告人には，本件道路を進行するに当たり，前方左右を注視
　　し，本件道路を横断する自転車等の有無及びその安全を確認しながら進行すべ
　　き業務上の注意義務があったというべきである。
　2　結果回避可能性
　　(1)　認知可能地点
　　　　本件当時とほぼ同一の条件のもとで，本件当時の状況を再現して見分した
　　　結果を記載した平成19年5月11日付司法警察員作成の実況見分調書（甲12）
　　　によると，本件当時にAが着用していた黒っぽい洋服に見立てた紺色様の洋
　　　服を着用させた人物と，Aが運転していた自転車と同型同色の婦人用自転車

を使用して，本件衝突地点付近に立たせて測定したところ，佇立地点から最大遠方約53.7メートル手前で人物が確認でき，約41メートル手前で確実に目視確認できたことが認められる。

(2) 停止距離

運転者が急ブレーキをかけようと判断した地点から自動車が停止する地点までの停止距離は，空走距離と制動距離の合計となる。停止距離を求める場合に一般に用いられている算式は，空走距離＝反応時間（秒）×車速（m／秒），制動距離＝時速（Ｋm／時）の2乗÷（254×摩擦係数）である。

本件において，計算上，必要とされる停止距離は，反応時間を1秒とし，（本件道路は当時乾燥した舗装路面であったから）摩擦係数を0.7ないし0.65とした場合，被告人は時速約20キロメートルで進行していたというのであるから，前記算式に従って計算すると，空走距離は約5.6メートル，制動距離は約2.2ないし2.4メートルとなる。よって，計算上の停止距離は，約7.8ないし8.0メートルとなる。

(3) 結果回避可能性の有無

以上のように，衝突地点からみて，計算上の停止距離は約7.8ないし8.0メートル，人物を認知可能な距離は約41ないし53.7メートルであるから，被告人が停止距離の外側，すなわち横断自転車との衝突を避けるための停止又は回避の措置をとり得る距離にあった時点において，Aが道路を横断しようとしている状況であったことは，被告人が前方注視を怠らなかったならば，確認し得たことは明らかである。

したがって，本件において，被告人に結果回避可能性がなかったということはない。

3 被告人の過失行為

本件において，本件道路で交通整理をしていた誘導員の動作に気をとられたことにより，前方左右を注視せず，本件道路を横断する自転車等の有無及びその安全確認不十分のまま漫然時速約20キロメートルで進行した被告人には，前方左右を注視し，本件道路を横断する自転車等の有無及びその安全を確認しながら進行すべき業務上の注意義務を怠った過失があるというべきである。

なお，弁護人は，誘導員の指示に従って進行した被告人には過失はない旨主張するが，自動車運転者の安全確認の方法としては，自動車運転者自らが前方左右を注視して安全を確認することが必要であって，交通整理をしている（警察官ではない）誘導員の指示に従うことは，自動車運転者が安全確認をするための補助的な方法に過ぎないから，仮に弁護人の主張どおり被告人が誘導員の

指示に従って進行したとしても，前方左右を注視せず，本件道路を横断する自転車等の有無及びその安全確認不十分のまま進行した被告人には，本件道路を横断する自転車等の有無及びその安全を確認しながら進行すべき業務上の注意義務を怠った過失が認められる。

4　衝突の有無

被告人の原動機付自転車とAの自転車との衝突の有無について，被告人は，公判廷において，「当たった衝撃とか感触が無かった。」旨供述している。

しかしながら，事故直後に行われた実況見分（本件事故は平成17年11月8日午後6時20分ころであり，実況見分は同日午後6時41分から行われている。）において，損害の部位・程度・状況として，被告人の原動機付自転車の前輪部のカールに割損が，Aの自転車の前輪泥よけ部に凹損が，それぞれ認められており，実況見分調書（甲1）添付の写真8によれば，Aの自転車の前かご右側が凹んでいることが認められる。

また，同実況見分調書によれば，Aの自転車が転倒したことにより路面に印象されたと思われる約2.2メートルの長さの擦過痕が路面に印象されている。

さらに，証人Bは，公判廷において，衝突の有無について，衝突地点からおよそ19.1メートルの位置から「バイクと自転車がぶつかるような音を聞きました。」「ガシャーンと，ちょっと長めの音が聞こえました。」旨具体的に証言している。

これらの証拠を含む前掲各証拠を総合的に評価すると，被告人の原動機付自転車とAの自転車との衝突があったことは明らかであり，上記認定に反する被告人の公判供述部分は措信できない。

第3　因果関係

前掲各証拠によれば，被告人が，前記過失行為により原動機付自転車の前部をAの自転車に衝突させて同人を自転車もろとも路上に転倒させ，よって，Aに加療約108日間を要する脳挫傷等の傷害を負わせた事実が認められる。したがって，被告人の判示過失行為によって，被害者の傷害の結果が生じたものと解される。

第4　結論

以上により，弁護人の主張は採用しない。

（法令の適用）

被告人の判示所為は，行為時においては平成18年法律第36号による改正前の刑法211条1項前段に，裁判時においてはその改正後の刑法211条1項前段に該当するが，これは犯罪後の法令によって刑の変更があったときに当たるから，刑法6条，

10条により軽い行為時法の刑によることとし，所定刑中罰金刑を選択し，その所定金額の範囲内で被告人を罰金20万円に処し，その罰金を完納することができないときは，平成18年法律第36号附則2条1号により同法による改正前の刑法18条により金5000円を1日に換算した期間被告人を労役場に留置することとし，訴訟費用については，刑事訴訟法181条1項本文により全部これを被告人に負担させることとする。

（求刑・罰金20万円　国選弁護人○○○○）

　　平成20年1月21日

　　　　さいたま簡易裁判所

　　　　　　裁　判　官　　　○　　　○　　　○　　　○

【判決書例9】暴行罪（公訴事実の否認，証拠構造）

平成30年12月20日宣告　　　　　　　　　裁判所書記官　○　○　○　○

平成30年㈹第○○○号

判　　　決

本　籍　東京都中央区（以下略）

住　居　東京都江戸川区（以下略）

会社員

○　○　○　○

昭和○○年○○月○○日生

上記の者に対する暴行被告事件について，当裁判所は，検察官○○○○出席の上審理し，次のとおり判決する。

主　　　文

被告人を罰金8万円に処する。

その罰金を完納することができないときは，金5000円を1日に換算した期間被告人を労役場に留置する。

理　　　由

（罪となるべき事実）

被告人は，平成29年11月21日午後11時45分頃，東京都江東区（以下略）東京都交通局都営地下鉄新宿線○○駅構内において，A（当時23歳）に対し，その顔面を右手背部で殴る暴行を加えたものである。

（証拠の標目）

（括弧内の甲乙の番号は，証拠等関係カードに記載された検察官請求の証拠番号を示す。）

　　被告人の当公判廷における供述

　　司法警察員作成の実況見分調書抄本（甲2），防犯カメラ画像写真撮影報告書抄本（甲3）及び被疑者写真撮影報告書（甲4）

　　検察官作成の捜査報告書（甲7）

　　検察事務官作成の捜査報告書2通（甲8，9，いずれもDVD‐R各1枚添付）

　　証人○○○○及び同○○○○の当公判廷における各供述

（事実認定の補足説明）

被告人は，公訴事実は記憶にないと供述し，弁護人も，被告人はAの顔面を右手背部で殴る暴行を加えていない旨主張している。前掲関係各証拠によれば，判示の犯罪事実を優に認めることができるが，所論にかんがみ，以下補足説明をする。

1 本件の証拠構造

　本件の証拠構造をみると，本件暴行の存在を裏付ける直接証拠として，被害者の公判供述のほか，目撃者の公判供述があり，さらに，これを支える証拠として，防犯カメラ映像及び被害直後に撮影された被害者の写真が存在している。

2 本件発生前の事実経過

　証人B（以下「目撃者」という。）及び同A（以下「被害者」という。）の当公判廷における供述その他前掲各証拠によれば，以下の事実が認められる。

　被告人は，平成29年11月21日火曜日午後11時台に，都営地下鉄新宿線の下り電車に乗車していた。被告人は，電車の中で，乗客である被害者と口論になった。被告人は，同日午後11時40分前後に，被害者と共に○○駅で電車を降りた。

　被害者は，同日午後11時台に，会社の最寄り駅である○○駅から地下鉄半蔵門線に乗車し，○○駅で都営地下鉄新宿線に乗り換えて，下り電車の後ろの方の車両の，座席の真ん中あたりに立って乗車し，つり革につかまった。電車は満員に近い状態だった。被害者は，電車の中で，乗客である被告人と口論になった。被害者は，同日午後11時40分前後に，被告人と共に○○駅で電車を降りた。

3 暴行の有無について

(1) 各証人の公判供述の要旨

　ア 目撃者供述の要旨

　　目撃者は，職場を11月21日午後11時頃に出て，都営地下鉄新宿線の下り電車の最後尾の車両の，一番後ろに立って乗車していた。電車は，少し動いたら乗客同士がぶつかるくらいに混んでいた。電車が，○○駅から○○駅ぐらいを走っているときぐらいに，誰かと誰かがもめている声がした。誰かが誰かに絡んでいるので，もめていたら助けてあげようと思った。一人は，静かな満員電車で大きな声を出していたので，お酒を飲んでいるのかなと思った。下車駅である○○駅のホームで降りて，絡まれていたら助けようと思って，もめている人達が降りてくるのを待っていた。

　　そうすると，細身の50代くらいのおじさん（以下「被告人」）とちょっと体格のいいお兄さん（以下「被害者」）が言い争う感じで電車から降りてきた。被告人の声は電車内の声の主と同じで，大きな声であり，顔が少し赤く酔っ払っている様子だった。一方，被害者は冷静な感じに見えたので，被告人が被害者に絡んでいると思った。

　　被告人と被害者は，改札に向かって歩いて行き，階段の手前のホーム上で，被告人が，右側にいた被害者に対し，右手の拳を握って肩の高さまで上げ，右腕を後ろに引く動作をし，その拳が被害者の口元辺りに当たった。目撃者は，約1.5メートル後方から見ていた。

　　サラリーマンが止めに入った後，被告人と被害者は，また言い争いながら階段を降りていった。被告人は，階段を降りきった後，先ほどと同じ裏拳をし，その拳が右側にいた被害者の顔付近に当たり，被害者はのけぞった。そして，被害者が，1，2歩逃げるように歩いた被告人の顎付近にハイキックをしたところ，被告人が倒れて気を失った。目撃者は，その様子を，階段の5，6段上くらいの斜め後ろから見ていた。

　イ　被害者供述の要旨

　　被害者は，11月21日午後11時頃まで○○駅の居酒屋で飲んで，○○駅から地下鉄半蔵門線に乗車し，○○駅で，都営地下鉄新宿線の下り電車に乗り換えて，電車の後ろの方の車両の，座席の真ん中あたりに立って乗車し，つり革につかまった。○○駅ぐらいから，満員に近い状態になり，横の人と肩が触れ合う程度の混み具合になった。

　　その後，被害者の後ろに立っていた被告人の上半身が，前後左右に揺れて，被害者の背中にもたれかかってくるようになった。被告人は，他の乗客にもぶつかっていた。被害者は，10数回ぐらいは我慢していたが，右の肘を後ろ側に引いて振り払うような動作をとったら，肘が被告人の背中に当たった。被告人は，後ろを振り返って，「今何をしたんだ」と言った。○○駅あたりから，被告人と被害者は口論になった。

　　最寄り駅の○○駅に着いて，被害者は，被告人とともに電車を降りた。被害者は，被告人に絡まれたので，改札を出たところにある交番に行こうと考えた。被害者が，被告人と一緒に口論しながら歩いていたら，階段に差し掛かるぐらいのホーム上で，被告人が右手を握り拳にして肩の高さまで上げ，背中の方に引く動作で，裏拳で口元を1発殴られた。手の甲が当たった感触だった。骨に当たったのでくらっとするような衝撃だった。

　　被害者は，怒りの気持ちはあったが，我慢して階段を降りていった。階段を降りた先で，被告人に，先程と同じように，裏拳で口元を1発殴られた。被害者は，カッとなってしまい，右足で被告人の顔付近を蹴ったところ，被告人が倒れた。

(2)　各証人の公判供述の信用性

　　　　ア　目撃者供述の信用性

　　　　　　目撃者は，本件以前には，被告人及び被害者のいずれとも面識がな

　　　　く，中立的な立場の人物である。

　　　　　　目撃者は，１回目の暴行については約1.5メートル後方から，２回目の

　　　　暴行については階段の５，６段くらい上の斜め後ろから，被告人の行動を

　　　　目撃しており，視認状況は良好である。

　　　　　　目撃者の公判供述は，被害者の供述とも一致しており，目撃者の公判供

　　　　述には信用性が認められる。

　　　　イ　被害者供述の信用性

　　　　　　被害者の公判供述は，上記のとおり信用できる目撃者の供述と一致して

　　　　おり，被害者の公判供述には信用性が認められる。

　　　　ウ　防犯カメラ映像との整合性

　　　　　　階段下における被告人の２回目の暴行についての，目撃者と被害者の各

　　　　公判供述は，防犯カメラの映像（甲８，９添付）により信用性が裏付けら

　　　　れている。

　　　　エ　被害者の写真

　　　　　　事件後に撮影された被害者の写真（甲４）によれば，被害者の上下の口

　　　　唇には出血を伴う傷があり，被害者の，被告人から口元を殴られたという

　　　　供述に沿うものである。

　　(3)　被告人供述について

　　　　　被告人は，公訴事実は記憶になく，２回目の暴行については，被害者の手

　　　　をはねのけただけではないかと述べているが，前記信用できる目撃者及び被

　　　　害者の各公判供述と一致せず，被害者の受傷状況とも整合しないもので，記

　　　　憶の有無の点を除いて，被告人の供述を信用することはできない。

（法令の適用）

　　被告人の判示所為は刑法208条に該当するところ，所定刑中罰金刑を選択し，そ

の所定金額の範囲内で被告人を罰金８万円に処し，その罰金を完納することができ

ないときは，同法18条により金5000円を１日に換算した期間被告人を労役場に留置

することとし，訴訟費用は，刑事訴訟法181条１項ただし書を適用して被告人に負

担させないこととする。

（量刑の理由）

　　本件は，被告人が，駅の構内において，被害者の顔面を２回にわたり殴った暴行

の事案である。

　　被告人の本件犯行後に，被害者が右足で被告人の顔面付近を蹴ったことにより，

被告人が転倒して重傷を負っているとしても，被告人は，本件暴行についてそれ相応の刑事責任を負う必要がある。

　一方，本件犯行は電車内におけるトラブルから突発的に生じたものであると認められることや，被告人には前科前歴がないことなど，被告人のために酌むべき事情も認められる。

　これらの事情を総合考慮すると，本件については，主文のとおりの罰金を科するのが相当であると判断した。

（求刑・罰金10万円　国選弁護人○○○○）

　　平成30年12月20日

　　　　　東京簡易裁判所刑事第○室

　　　　　　　裁　判　官　　○　　　○　　　○　　　○

事 項 索 引

条　文　索　引

判 例 索 引

著者略歴　　三好一幸（みよしかずゆき）

　　昭和29年4月30日生，東京都立大学（現首都大学東京）法学部卒業，平成12年8月東京簡易裁判所判事,14年4月広島簡易裁判所判事,17年3月さいたま簡易裁判所判事,20年4月甲府簡易裁判所判事,23年3月東京簡易裁判所判事,26年3月伊那・岡谷簡易裁判所判事,29年3月東京簡易裁判所判事，現在に至る。

　著書　　「令状審査の理論と実務」平成26年，司法協会
　　　　　「民事訴訟の理論と実務」平成27年，司法協会
　　　　　「民事調停の理論と実務」平成28年，司法協会
　　　　　「略式手続の理論と実務【第二版】」平成29年，司法協会
　　　　　「民事保全の理論と実務」平成30年，司法協会

刑事公判の理論と実務【第二版】

2019年6月　第1刷発行

著　　者　　三好一幸
発 行 人　　境　敏博
発 行 所　　一般財団法人 司法協会
　　　　　　〒104-0045　東京都中央区築地 1-4-5
　　　　　　第37興和ビル7階
　　　　　　出版事業部
　　　　　　電話 (03) 5148-6529
　　　　　　FAX (03) 5148-6531
　　　　　　http://www.jaj.or.jp

落丁・乱丁はお取り替えいたします。　印刷製本／株式会社太陽美術
ISBN978-4-906929-79-5　C3032　¥2700E